똑똑한 낱말 퍼즐 1-1

교과 어휘로
시작하는
문해력 첫걸음

추천사

낱말의 힘, 문해력의 시작

매일 아침 아이들과 한 줄 쓰기를 한 적이 있습니다. 아이들이 풀어내는 한 문장에는 그 아이의 어제와 오늘의 기분이 드러나기도 하고 때로는 기발한 생각이 담겨 있습니다. 이런 말을 모으면 굉장한 보물상자가 됩니다. 그러나 그 한 줄을 어떻게 시작해야 할지 몰라 망설이는 아이들도 있습니다. 막막하고 두려움을 느끼는 걸 종종 봅니다. '대박! 헐! 재미있었다' 등 쓰는 단어만 반복적으로 사용하기도 합니다.

어휘력이 부족하면 책에서 아무리 유익한 정보를 던져줘도 받아먹지를 못합니다. 뜻을 잘 알아야 문장을 이해할 수 있고, 문장을 이해해야 교과 내용을 알아들을 수 있습니다. 낱말을 정확히 알고 있는 아이는 표현이 달라지고, 목소리가 또렷해지고, 수업 시간에 생기가 돋습니다. 저학년 때부터 낱말의 정확한 뜻을 알고 익혀야 하는 이유입니다. 우리 아이들은 AI가 글을 쓰고 정보를 찾아주는 시대에 살고 있습니다. AI가 그럴듯하게 글을 써줄 수는 있어도 판단할 줄 아는 능력은 내 언어로 생각하고, 말하고, 쓸 수 있는 힘, 바로 문해력입니다.

이 책은 1학년 1학기 국어 교과서에 나오는 핵심 낱말들을 중심으로 놀이하듯 익히도록 구성하였습니다. 낱말의 뜻을 유추하는 퍼즐 형식과 즐겁게 배울 수 있는 교과 연계 놀이를 더했습니다. 이 과정에서 아이들의 어휘력은 물론 사고력, 관찰력까지 함께 자라납니다. 어릴 때부터 글을 읽고, 쓰고, 생각을 나누는 습관은 아름다운 사회의 변화를 이끌어내는 중요한 요소라고 생각합니다. 우리 아이들이 말과 글 공부를 통해 자신만의 '정체성(identity)'을 찾아가는 과정을 즐기기를 응원합니다.

김연숙(우촌초등학교 교감)

일러두기

1 1학년 1학기 교과서 〈국어 ㉮〉, 〈국어 ㉯〉, 〈국어 활동〉에 나오는 핵심 낱말들을 중심으로 구성되어 있습니다. 쐐기표, 왜가리, 투호처럼 아이들에게 다소 어렵게 느껴지는 어휘도 포함되어 있지만 실제로 교과서 속에서 만나게 되는 낱말들입니다.

2 이 교재는 총 6단계로 구성되어 있으며, 각 단계마다 7세트의 낱말퍼즐과 4개의 학습 연계 놀이터가 들어 있습니다. 1학기와 2학기 전 과정을 마치고 나면 초등 1학년이 꼭 알아야 할 600여 개의 필수 낱말을 익힐 수 있습니다. 놀이터에는 알쏭달쏭 퀴즈 풀기, 색칠하기, 그림자 찾기, 다른 그림 찾기 등을 담아 재미를 더했습니다.

3 뜻풀이는 국어사전을 기본으로 하였고, 실제로 어떻게 쓰이는지 알 수 있도록 예문을 함께 넣었습니다. 뜻풀이를 보고 답이 떠오르지 않을 때는 연결된 다른 칸의 퍼즐을 먼저 풀어보세요. 이어지는 낱말에서 힌트를 얻어 스스로 낱말을 유추해 내는 힘이 길러집니다.

4 낱말퍼즐을 하나씩 완성할 때마다 p.125 〈정말 잘했어요!〉에 칭찬 스티커를 붙여주세요. 아이의 성취감을 키워줍니다. 또한 p.126 QR코드를 통해 정답지와 놀이터를 포함한 무료 워크시트를 함께 활용하면 학습효과는 더욱 높아집니다.

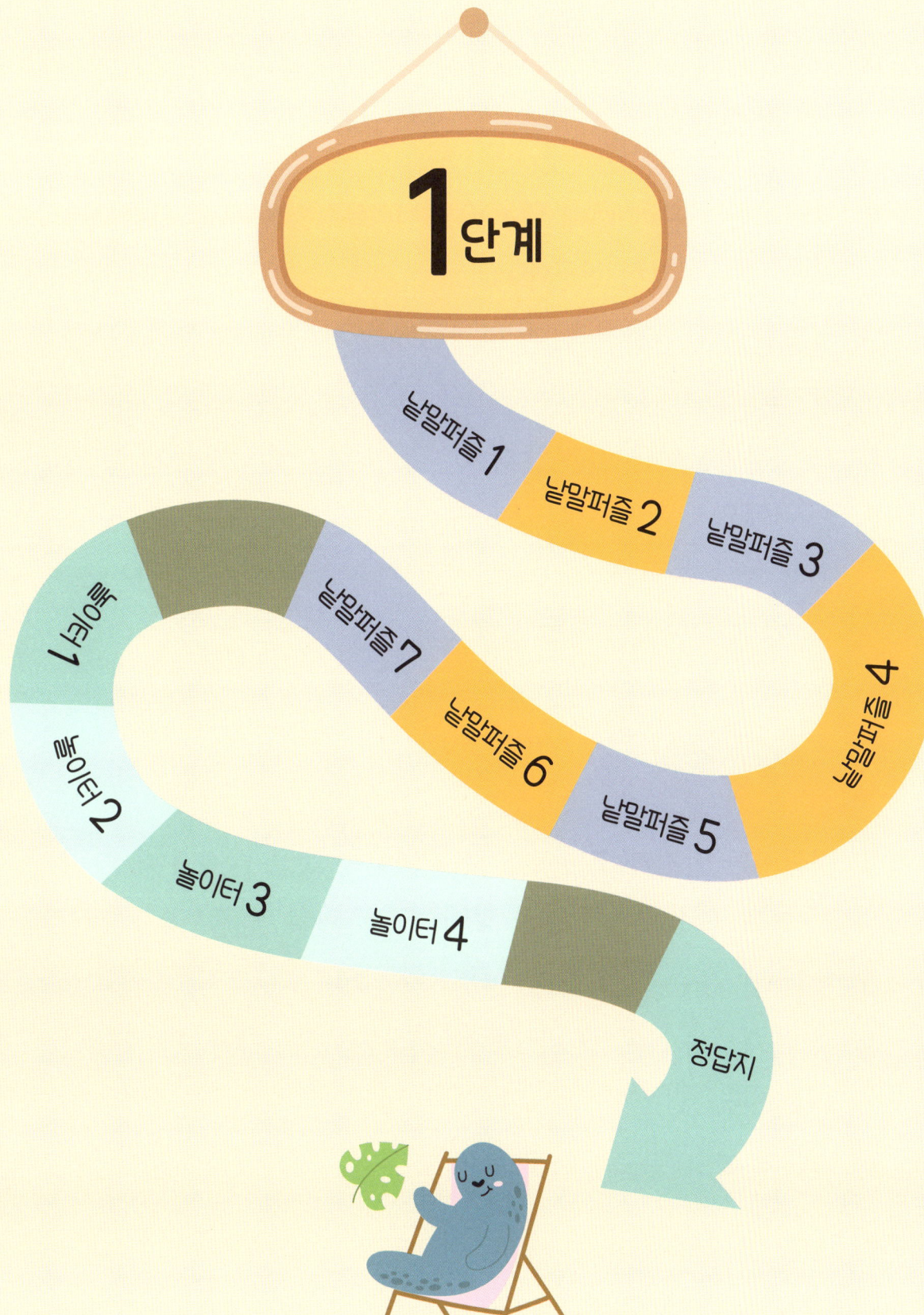

가로 뜻풀이

1 사람이나 사물에 대해 느끼는 감정. 희수는 동물을 사랑하는 착한 ○○을 가진 친구예요.

3 지평선이나 수평선 위로 넓게 보이는 무한대의 공간. 구름 한 점 없는 ○○.

4 작은 물방울이나 얼음 알갱이가 모여 하늘에 뭉게뭉게 떠 있는 거예요.

세로 뜻풀이

1 병균이나 먼지가 코나 입으로 들어오는 것을 막기 위해 가리는 물건. 미세먼지가 많은 날에는 ○○○를 꼭 써요.

2 우는 일. 또는 그런 소리. 아기 ○○소리.

3 밤 12시부터 다음 날 밤 12시까지 24시간을 말함. 참 보람된 ○○였다.

4 유리로 작고 둥글게 만든 놀이 도구.

공부한 날 _____월 _____일 _____요일

정답은 24쪽에 있어요!

가로 뜻풀이

1 과일이나 채소 심은 밭을 동물이나 도둑으로부터 지키기 위해 밭 가운데 지은 집.

2 사는 곳을 다른 데로 옮김.

4 지구를 포함한 모든 별이 있는 끝없이 넓은 곳. 로켓이 ○○로 발사되다.

6 산책이나 운동을 할 수 있도록 꽃, 나무, 잔디, 의자 등의 시설을 갖추어 놓은 곳. 우리 동네에는 ○○이 많아요.

세로 뜻풀이

1 사람과 가장 닮은 동물이며, 꼬리가 길어요. 바나나를 좋아하고 나무를 잘 타요.

3 주로 가죽으로 만든 서양식 신발. ○○는 한 켤레, 두 켤레라고 셉니다.

5 소설이나 영화, 연극에서 사건의 중심이 되는 인물. 콩쥐팥쥐의 ○○○은 콩쥐죠.

공부한 날 _____월 _____일 _____요일

정답은 24쪽에 있어요!

가로 뜻풀이

1 집 안에서 쓰는 책상, 의자, 식탁, 침대처럼 큰 물건을 말해요.
3 순서 있게 여럿을 정해진 규칙에 따라 늘어놓은 것. "이번 주 우유 당번은 내 ○○야."
4 오늘의 전날. 어린이날이었던 ○○로 돌아가고 싶다.
6 여러 가지 식물을 모아 놓고 사람들에게 보여주는 곳이에요. 동물을 모아 놓은 곳은 동물원, 식물을 모아 놓은 곳은 ○○○.

세로 뜻풀이

2 아프거나 다친 사람들을 빠르게 병원으로 실어 나르는 자동차. 앰뷸런스, 응급차라고도 함.
5 한 나라의 국민이 쓰는 말. 우리나라의 공용어는 한○○입니다.
6 밥을 먹는 일. 또는 그 음식. 저녁 ○○로 국수를 먹었다.

공부한 날 _____월 _____일 _____요일

정답은 24쪽에 있어요!

가로 뜻풀이

1 밖을 말함. 여름이 되자 ○○ 수영장에 사람들이 넘쳐났다. ㉑ 실내
2 집을 떠나 가까운 곳에 잠시 다녀오거나 놀다 오는 일. 가족들과 ○○○를 가기로 했다.
4 꽃을 파는 집.
5 개인이나 단체의 이름을 새겨 찍을 수 있게 만든 도구. 서류에 찍으면 중요한 증거로 남아요.

세로 뜻풀이

1 야자과의 나무들을 통틀어 이르는 말. 열매는 코코넛이라 하고 열대 지방에서 많이 볼 수 있어요.
3 우리 집 바로 옆. 또는 부근에 있는 집. 유명한 애니메이션 제목 '○○○ 토토로'
6 잘한 일에 대한 칭찬의 글을 적어서 주는 증서. "글짓기 대회에서 ○○을 받았어."

공부한 날 _____월 _____일 _____요일

정답은 24쪽에 있어요!

가로 뜻풀이

1 낮에 자는 잠. "내 동생은 어린이집에서 항상 ○○을 자."

3 사람이 앉아 두 발로 바퀴를 돌려서 타고 다닐 수 있는 운송 수단. 어린이들은 세발○○○를 타기도 해요.

5 땅의 속. 또는 땅 아래의 공간. ○○ 주차장 ⓐ 지상

7 가벼운 기분으로 맑은 공기를 마시거나 운동을 하려고 가까운 거리를 걷는 것. ⓑ 산보

세로 뜻풀이

2 커다란 한 쌍의 겹눈과 가늘고 긴 꼬리, 얇고 투명한 그물 모양의 날개를 가진 곤충의 이름. 가을이 되면 파란 하늘에 고추 ○○○가 날아다녀요.

4 얼굴을 볼 수 있게 유리로 만든 물건. 엄마는 ○○ 앞에 앉아 화장을 하신다.

6 하늘을 나는 비행기에서 사람이나 물건을 안전하게 땅으로 내릴 수 있도록 쓰는 우산 모양의 기구.

공부한 날 _____월 _____일 _____요일

가로 뜻풀이

1 집이나 사무실 안에서 신는 신발. 교실에서 신던 ○○○를 운동화로 갈아 신고 운동장으로 나가요.

3 부피가 큰 돌. 산에 많아요. '계란으로 ○○치기'라는 속담이 있어요. 비 암석

4 어떤 일을 머릿속으로 떠올리고, 어떻게 하기로 정하는 것. 인간은 ○○하는 동물이다.

세로 뜻풀이

2 말, 글, 그림 등에 담긴 속 뜻. "이 책은 ○○이 너무 어려워."

3 돌리거나 굴릴 목적으로 둥글게 만든 물건. "자전거 ○○에 바람이 빠졌어."

5 형제자매 사이에서 나이가 적은 사람. 비 아우

공부한 날 _____월 _____일 _____요일

정답은 24쪽에 있어요!

가로 뜻풀이

1 동네 경찰관이 모여 업무를 처리하는 곳.

3 많은 책을 모아 두어 사람들이 볼 수 있는 곳. "○○○에서 책을 빌렸어."

4 하던 일을 끝내는 것. 시경이는 시작은 잘하지만 ○○○를 잘 못해요.

세로 뜻풀이

2 불을 끄거나 화재를 예방하는 업무를 보는 기관. 소방관들이 근무하는 곳.

3 목적지에 다다르는 것을 말해요. 차가 너무 막혀 밤 열시가 넘어서야 집에 ○○했어요. 반 출발

5 옷이나 조각품 등에 그려진 여러 가지 모양. 꽃 ○○ 옷은 꽃이 그려진 옷이에요.

공부한 날 _____월 _____일 _____요일

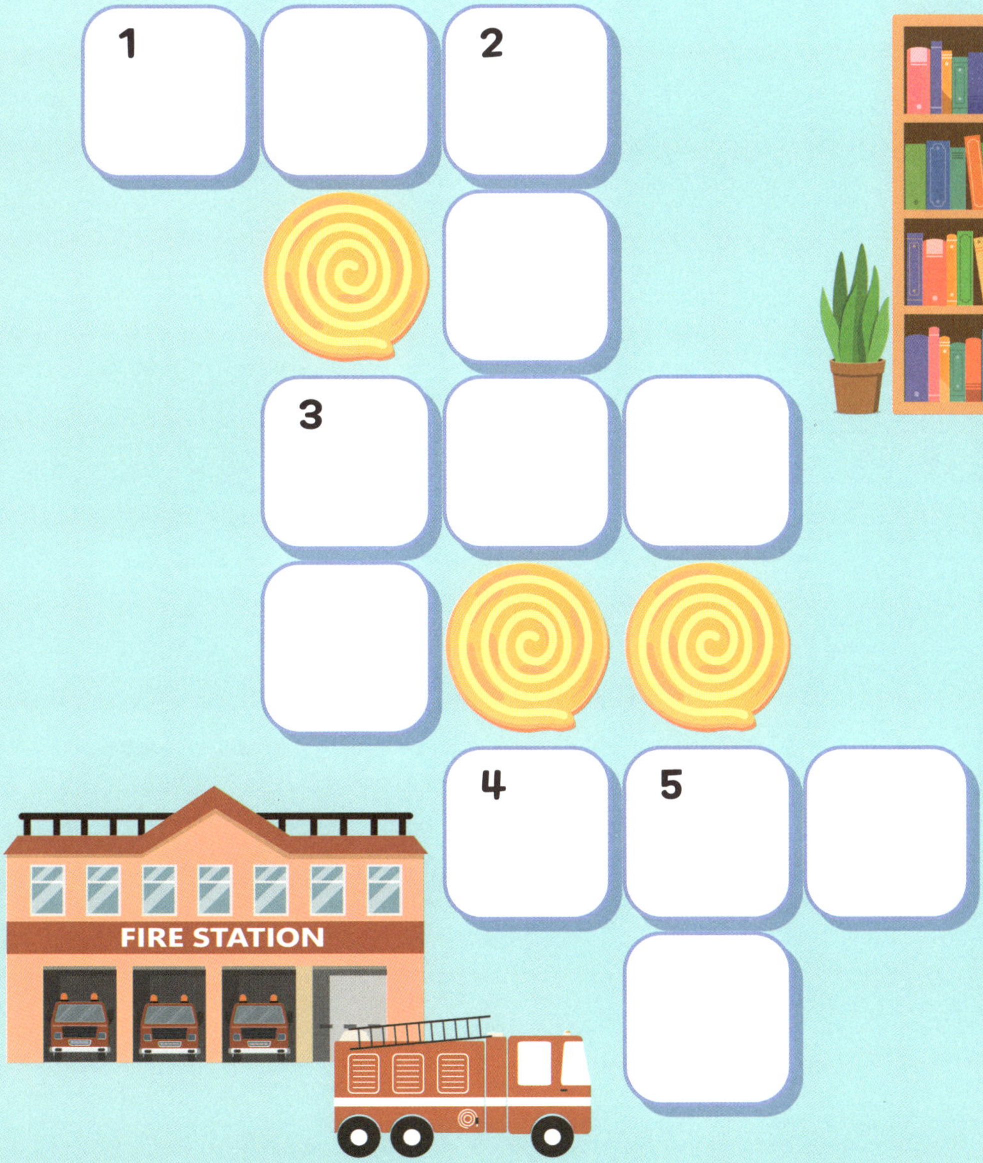

정답은 24쪽에 있어요!

그림에 사용된 색과 같은 색을 연결해 보세요.

그림을 보고 <보기>에서 알맞은 자음자를 찾아 써 보세요.

보기 ㄱ ㅁ ㅂ ㅅ ㅇ ㅊ

| | 어 |

| | 밥 |

| | 추 |

| | 말 |

| | 외 |

| | 빵 |

정답 : 문어, 김밥, 배추, 양말, 참외, 식빵

알쏭달쏭 퀴즈를 풀어 보세요.

1 우리나라의 국기는 무엇일까요?

① 성조기
② 일장기
③ 태극기
④ 오성홍기

2 물에서 사는 동물은 무엇일까요?

① 코끼리
② 강아지
③ 금붕어
④ 닭

3 봄이 되면 피는 꽃은 무엇일까요?

① 개나리
② 국화
③ 동백꽃
④ 크리스마스트리

4 겨울잠을 자는 동물은 무엇일까요?

① 사자
② 개구리
③ 고양이
④ 독수리

정답 : 1-③, 2-③, 3-①, 4-②

낱말에 알맞은 그림을 선으로 연결해 보세요.

걷다　　기다　　눕다

뛰다　　줍다

정답

2단계

낱말퍼즐 1
낱말퍼즐 2
낱말퍼즐 3
낱말퍼즐 4
낱말퍼즐 5
낱말퍼즐 6
낱말퍼즐 7
놀이터 1
놀이터 2
놀이터 3
놀이터 4
정답지

가로 뜻풀이

1 과학에 관한 자료와 물품을 갖추어 관람하도록 꾸며 놓은 장소. 국립 ○○○을 견학하다.

3 매우 드물고 귀한 물건. ○○상자

5 나이나 지위·신분 등이 높아서 모시는 어른. ○○○을 공경하자.

세로 뜻풀이

2 학교에서 학생이 꼭 배워야 할 내용이 담긴 책. "2학기 ○○○는 개학하고 주신대."

4 작은 것을 크게 보이게 하는 유리로 된 물건. 할머니가 글을 읽으실 때 꼭 필요해요.

6 나를 낳고 길러준 여성. 반 아버지

공부한 날 _____월 _____일 _____요일

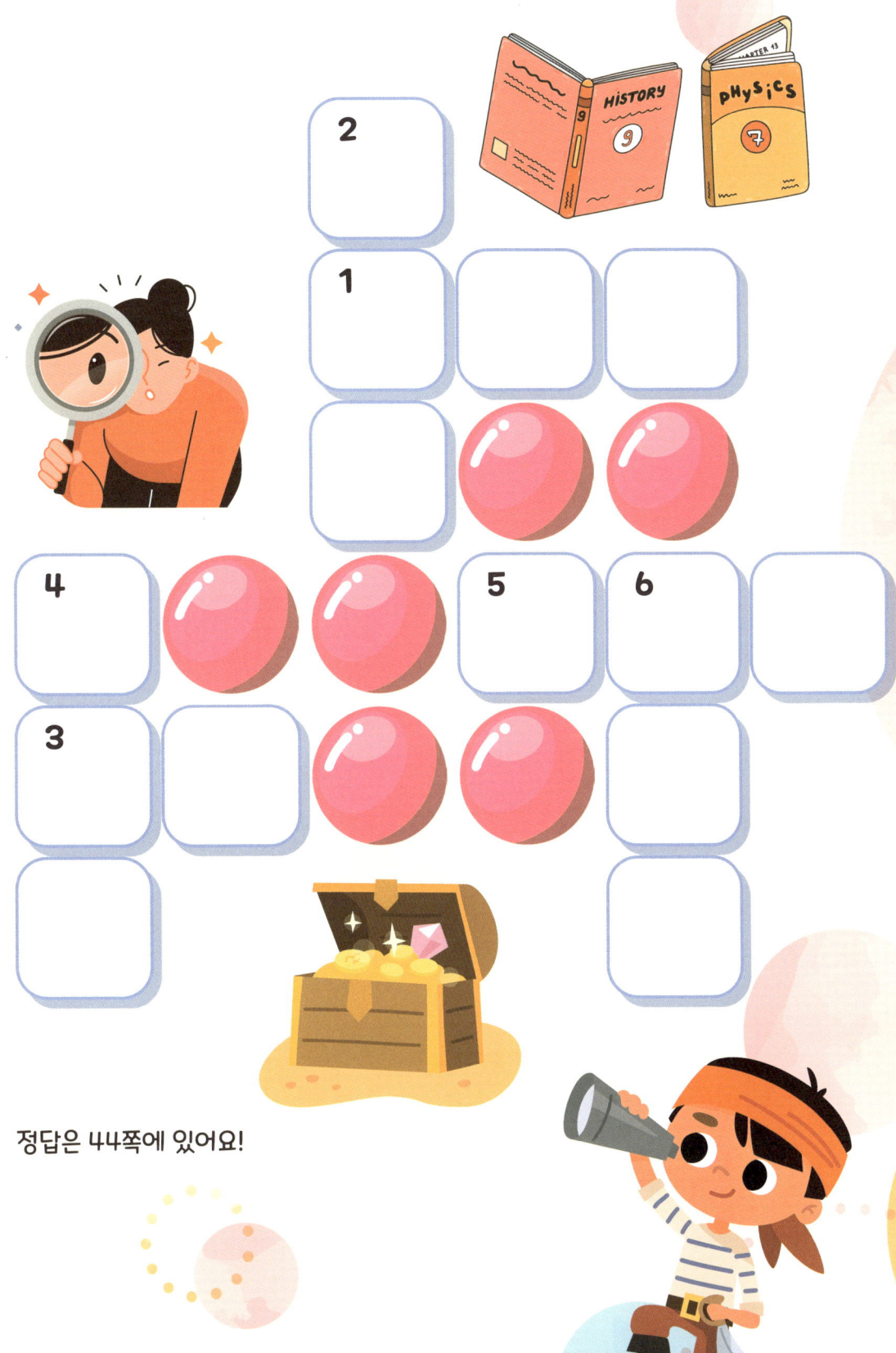

정답은 44쪽에 있어요!

가로 뜻풀이

1. 잠을 자거나 누울 때 머리에 베는 물건. 이불과 짝꿍.
3. 코가 간지럽거나 감기에 걸려 갑자기 숨을 내뿜으면서 '에취' 하고 큰 소리를 내는 일.
5. 골짜기나 들로 흘러내리는 작은 물줄기. ㈑ 개천
6. 종이나 헝겊을 자르는 도구. 색종이는 이것으로 오려야 제맛이죠~!

세로 뜻풀이

2. 부지런한 사람을 이 곤충에 자주 비유해요. 땅속이나 썩은 나무속에 집을 짓고 서로 돕는 집단생활을 한대요.
4. 피곤할 때 몸을 쭉 펴고 팔다리를 뻗는 것을 말해요.
6. 남편과 아내, 부모와 자식, 형제자매처럼 결혼이나 혈연으로 맺어진 관계를 말해요. "우리 ○○은 모두 4명이야."

공부한 날 ____월 ____일 ____요일

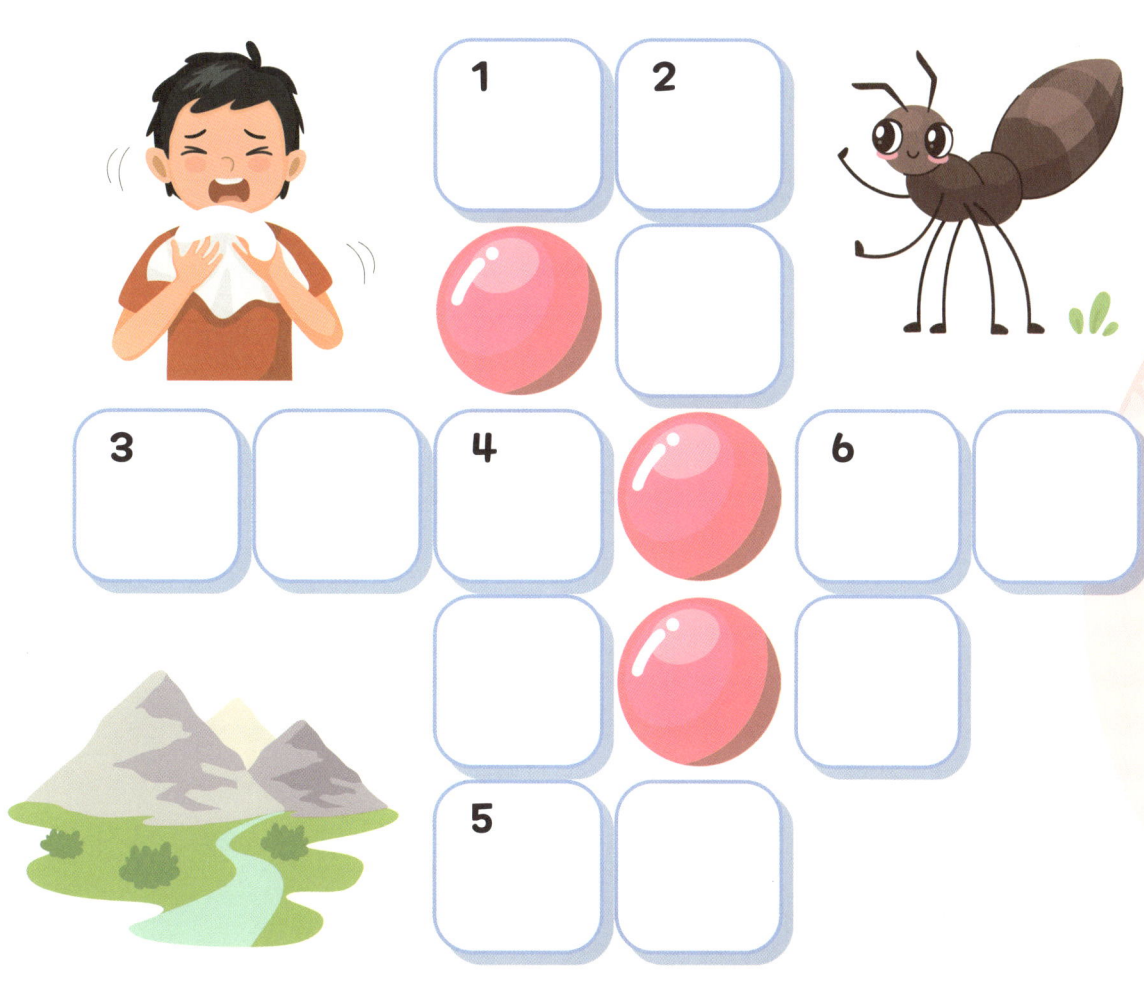

정답은 44쪽에 있어요!

가로 뜻풀이

1 아이들이 가지고 노는 여러 가지 물건. 인형, 자동차, 퍼즐처럼 여러 종류가 있어요.

3 문장 부호의 하나로 '!'의 이름. 주로 놀라거나 기뻐하는 말 끝에 써요.

5 큰 나무나 기둥에 줄을 매달고 줄 끝에 발판을 달아 앉거나 올라서서 몸을 앞뒤로 움직여 왔다 갔다 하면서 노는 놀이 기구. 요즘 이것이 없는 놀이터도 많아졌어요.

세로 뜻풀이

2 마침표(.), 느낌표(!), 물음표(?)처럼 문장에 찍는 부호. 문장의 뜻을 돕거나 알아보기 쉽게 하기 위해 써요.

4 문장을 끝맺을 때 쓰는 문장 부호로 문장이 끝나면 반드시 찍어 주어야 해요.

5 음식이나 물건을 담는 도구. 밥 ○○, 국 ○○ ⓑ 용기

공부한 날 _____월 _____일 _____요일

정답은 44쪽에 있어요!

가로 뜻풀이

1 어떤 일이 일어나거나 어떤 일을 하게 된 이유나 내용. 민지는 아무 ○○도 없이 화를 냈다.
2 거센 바람과 함께 한쪽으로 세차게 휘몰아치는 눈. 계절에 어울리지 않게 갑자기 ○○○가 몰아쳤다.
3 도토리나 밤을 즐겨 먹고 쥐를 닮은 귀여운 동물.

세로 뜻풀이

1 몸 전체가 검고 '까악까악'하고 우는 새. 어미 새에게 먹이를 물어다 주는 습관 때문에 부모에게 효도하는 '효조'라고도 해요.
2 눈이 오면 눈을 뭉쳐서 사람 모양으로 만든 것. "눈덩이를 굴려서 ○○○을 만들자."
3 물이나 장애물을 건너다닐 수 있도록 만든 시설물. "저기 보이는 ○○만 건너면 할머니 댁이야."

공부한 날 _____월 _____일 _____요일

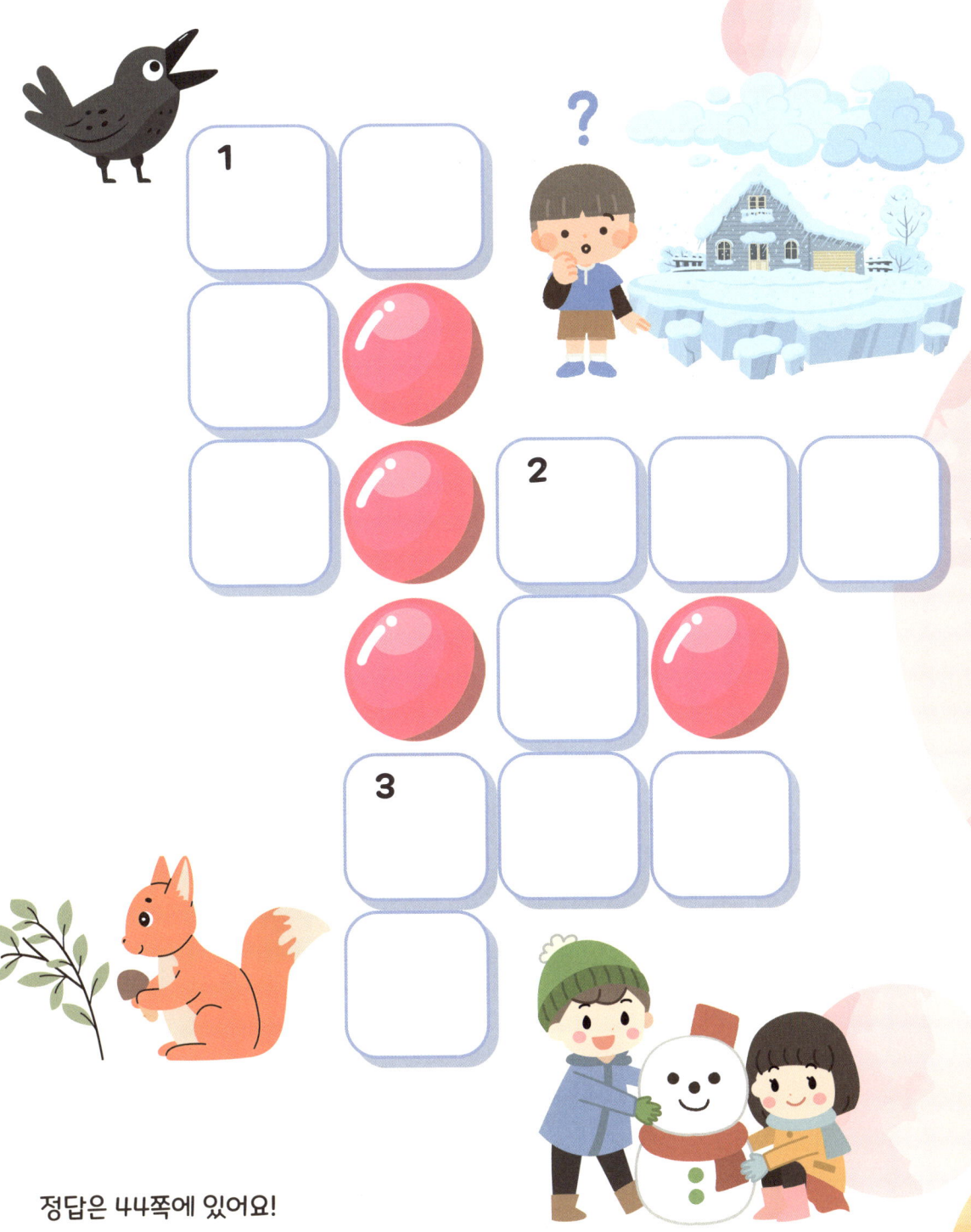

정답은 44쪽에 있어요!

가로 뜻풀이

1 아주 가늘게 보슬보슬 내리는 비를 말해요. '○○○에 옷 젖는 줄 모른다'는 속담도 있죠.

3 학교에서 선생님과 학생들이 모여 공부하는 장소. "수업 시간 종 치기 전에 ○○로 들어가자."

5 수돗물을 나오게 하거나 멈추게 하는 장치. ○○○○에서 물이 똑똑똑 떨어져요.

세로 뜻풀이

1 거리의 조명이나 교통의 안전 등으로 길가를 따라 설치해 놓은 등. 저녁이 되면 ○○○이 켜져요.

2 하늘에 떠서 나는 교통수단 중 하나. 떴다~ 떴다~ ○○○

4 조심하지 않아서 저지르는 잘못. ○○로 엄마가 아끼는 화분을 떨어뜨렸어요.

6 길을 모를 때 찾아보는 거예요. 일정한 비율로 줄여서 약속된 기호로 표시하며 방위를 꼭 표시해 줘야 해요.

공부한 날 _____월 _____일 _____요일

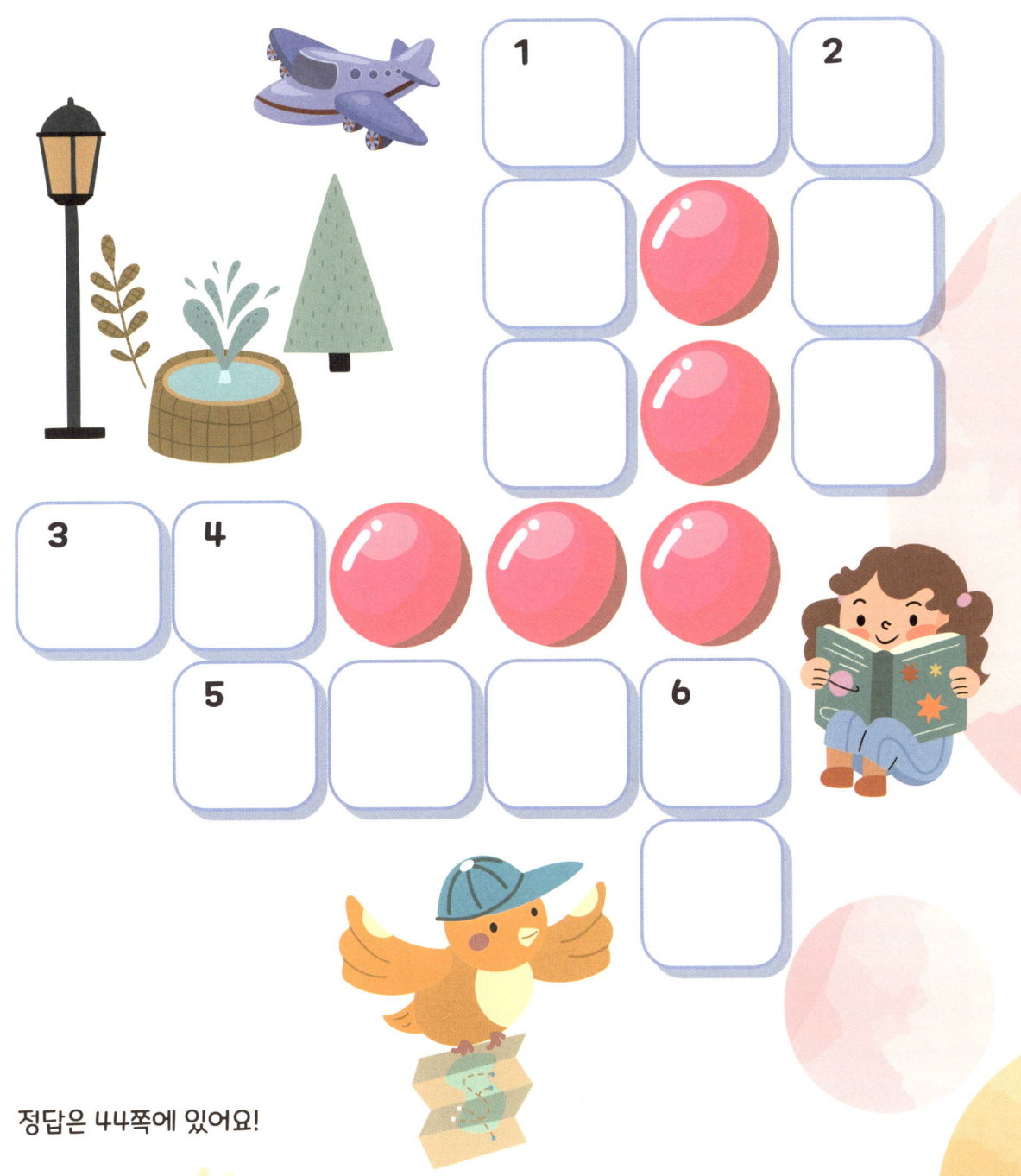

정답은 44쪽에 있어요!

가로 뜻풀이

1 두 발을 번갈아 옮겨 놓는 동작. 또는 그 횟수를 세는 말. 선생님 자리에서 교실 문까지는 다섯 ○○.

3 마땅히 지켜야 할 바른 마음가짐이나 몸가짐. 시라는 ○○ 바른 어린이입니다.

5 옷을 걸어 두도록 만든 물건. 집에 들어오면 ○○○에 옷을 걸어주세요.

7 장갑, 방망이, 공으로 하는 운동경기. 아홉 명씩 두 팀이 각각 9회씩 번갈아 가며 공격과 방어를 되풀이하여 점수를 얻어요.

세로 뜻풀이

2 고체 상태의 물, 물이 얼어 굳어진 것. 온도가 0도 이하로 내려가면 물이 ○○으로 변해요.

4 다치거나 병든 사람을 치료해 주는 사람. 하얀 가운 입은 이 분들을 만나면 왠지 도망가고 싶어라~

6 어떤 사물이나 사건, 현상에 대해서 일정한 내용을 가지고 하는 말. 전래동화는 입에서 입으로 전해지는 ○○○를 바탕으로 쓰였어요.

공부한 날 _____월 _____일 _____요일

정답은 44쪽에 있어요!

가로 뜻풀이

1 학교에서 자기 물건을 따로 넣어 둘 수 있게 만든 곳. 1학년이 끝나서 ○○○을 정리했다.

2 음식을 집어 먹을 때 쓰는 기구. "숟가락과 ○○○을 식탁 위에 놓아주렴!"

4 자신을 낳아준 부모 가운데 남자를 가리키는 호칭. 한자어로는 부친. ㉝ 어머니

6 목구멍에서 나오는 소리. ㉑ 육성, 음성

세로 뜻풀이

1 카메라로 사람이나 사물, 풍경을 있는 그대로 찍은 것. "실물보다 ○○이 더 잘 나온 거 아냐?"

3 밥이나 국물을 떠먹을 때 쓰는 도구. 젓가락과 ○○○을 합쳐 '수저'라고 해요.

5 소리가 산이나 절벽 같은 데에 부딪혀 되울려 오는 소리. 산 위에 올라 큰 소리로 '야호' 하면 잠시 뒤에 들려요.

공부한 날 _____월 _____일 _____요일

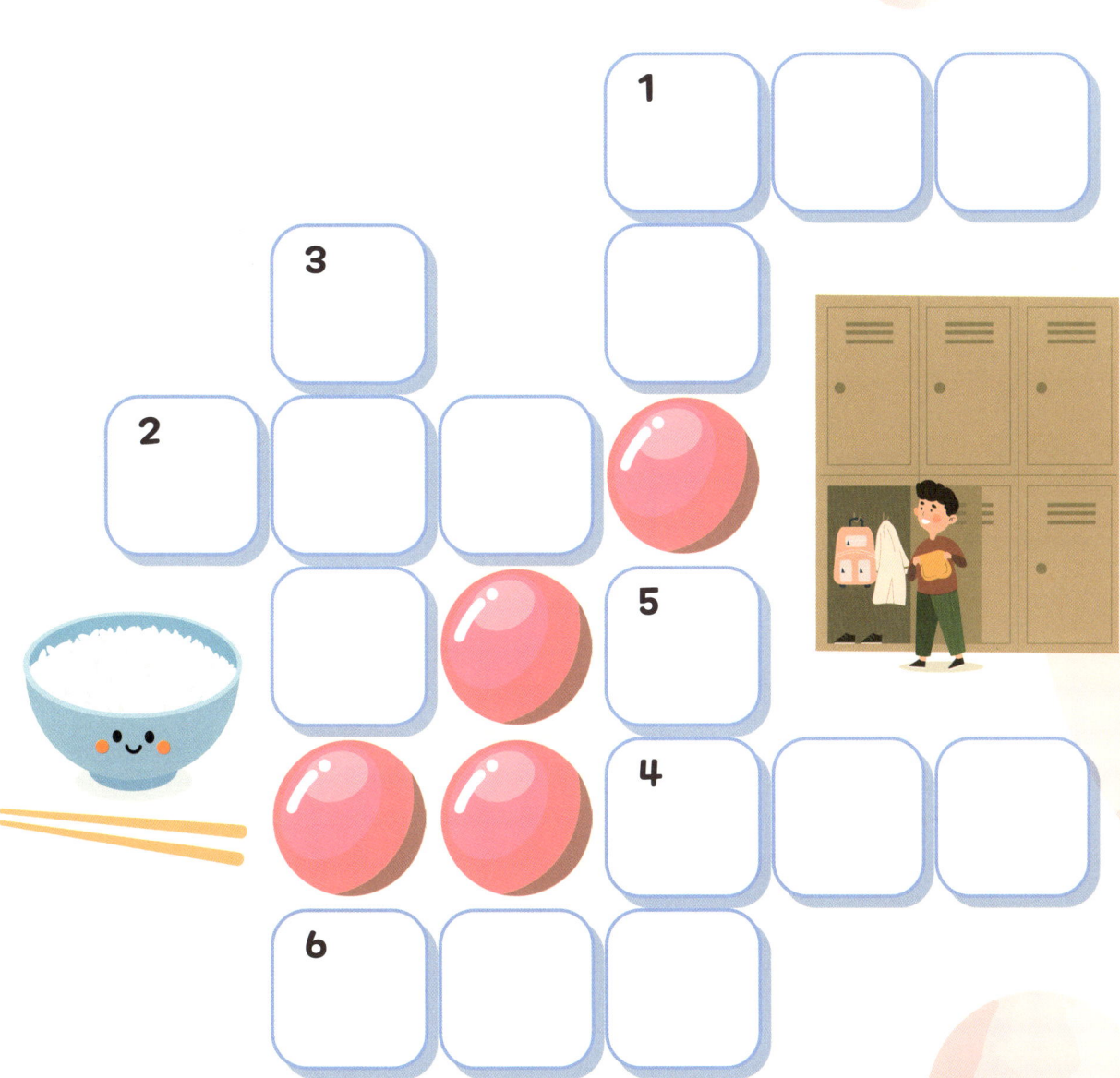

정답은 44쪽에 있어요!

놀이터

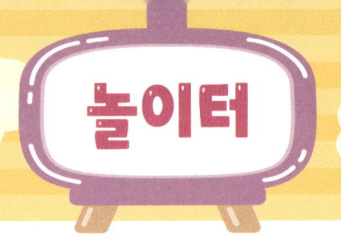

교통수단에 알맞은 길을 찾아 연결해 보세요.

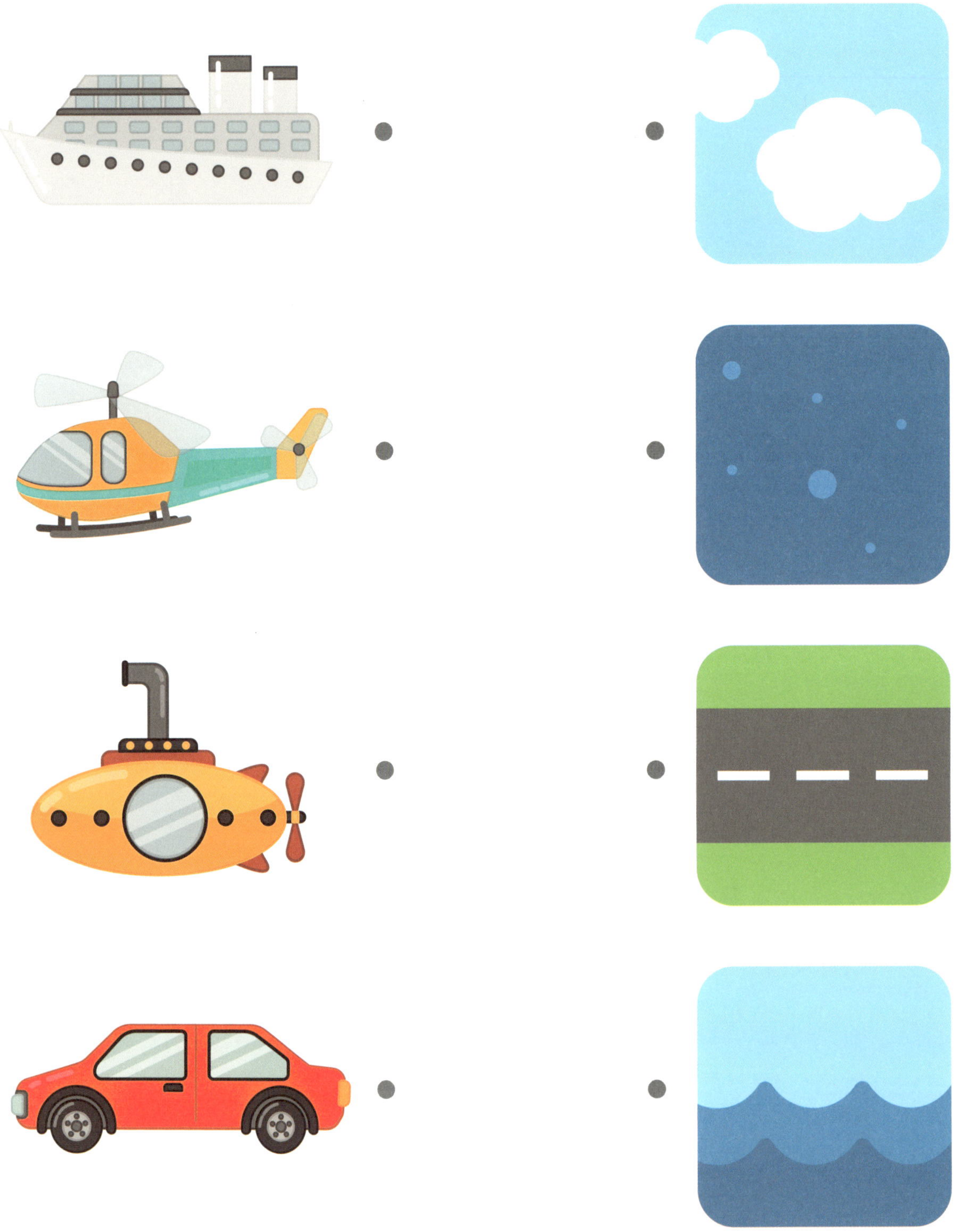

정답은 44쪽에 있어요!

수와 수의 이름을 알맞게 연결해 보세요.

이십육 •	• 13 •	• 스물일곱
십오 •	• 14 •	• 열넷
이십칠 •	• 15 •	• 열셋
십사 •	• 26 •	• 열다섯
십삼 •	• 27 •	• 스물여섯

정답은 126쪽에 있어요!

일상생활 속 사자성어를 알아보아요.

일석이조

一	石	二	鳥
한 일	돌 석	두 이	새 조

한자 뜻
한 개의 돌을 던져 두 마리의 새를 맞추어 떨어뜨린다.

뜻풀이
한 가지 일을 해서 두 가지 이익을 얻을 수 있다는 뜻이에요.

한자와 뜻풀이를 따라 써 보세요.

산책하면서 쓰레기를 주우니 운동도 되고 환경도 깨끗해졌으니 일석이조지!

| **비슷한 뜻의 사자성어** |

일거양득(一擧兩得)
한 번 행동으로 두 가지 이익을 얻는다.

친구들이 학교에 갈 수 있도록 바르게 쓴 낱말을 따라가며 미로를 빠져나가 보세요.

정답은 126쪽에 있어요!

정답

P.27

P.29

P.31

P.33

P.35

P.37

P.39

P.40

3단계

낱말퍼즐 1
낱말퍼즐 2
낱말퍼즐 3
낱말퍼즐 4
낱말퍼즐 5
낱말퍼즐 6
낱말퍼즐 7
놀이터 1
놀이터 2
놀이터 3
놀이터 4
정답지

🟦 가로 뜻풀이

1 쌀 다음의 주식 곡물. 볏과의 두해살이풀이에요. 가을에 씨를 뿌려 초여름에 거두어요.

2 매달 음력으로 15일(보름) 밤에 뜨는 둥근 달. 한가위 ○○○

4 우리나라 고유의 전통 무예를 바탕으로 한 운동. 손과 발, 몸의 각 부분을 사용하여 차기, 지르기, 막기 기술을 구사하면서 공격과 방어를 해요.

5 새로 돋은 싹. ○○ 비빔밥

🟪 세로 뜻풀이

1 물건을 싸서 들고 다닐 수 있게 만든 네모난 천. 소풍 도시락을 예쁜 ○○○에 쌌어요.

3 차가 다니는 도로에 사람이 건널 수 있게 신호등을 세우고 줄을 그어 표시해 놓은 곳.

5 신맛과 단맛이 합쳐진 것. 인기 애니메이션 제목으로 '○○○○ 티니핑'도 있어요.

공부한 날 _____월 _____일 _____요일

정답은 64쪽에 있어요!

47

🟦 가로 뜻풀이

1 쓰레기를 담거나 모아두는 통. 쓰레기는 반드시 ○○○○에 버리세요.

4 일곱보다 하나 많은 수. 한자어로 '○○ 팔'

5 소리 없이 빙긋이 웃는 웃음. "할아버지께서 빙그레 ○○를 지으셨어."

🌸 세로 뜻풀이

2 마음에 생기는 기쁨, 슬픔, 우울함 같은 감정 상태. "엄마 ○○이 안 좋으신 것 같아. 조심해야지~"

3 연필이나 볼펜, 지우개와 같은 필기도구를 넣어서 가지고 다니는 작은 통. 플라스틱이나 천과 같은 다양한 재료로 만들어요.

4 다른 나라 장소로 구경하고 배우고 즐기기 위해 떠나는 것. "난 꼭 유럽○○을 갈 거야."

6 질병을 예방하고 치료하며 국민의 건강을 지키기 위해 설치된 공공 의료 기관.

공부한 날 _____월 _____일 _____요일

정답은 64쪽에 있어요!

가로 뜻풀이

1. 생일을 높여 이르는 말. "할아버지 ○○이 곧 다가와."
3. 초등학교에 다니는 학생. ○○○○ 다음은 중학생.
5. 보지 못했고 경험하지 못한 것을 머릿속으로 생각하는 것. "우리가 어른이 되는 ○○을 해 보자."

세로 뜻풀이

2. 안전한 교통질서를 위해 횡단보도나 도로에 세워진 기구. 빨강, 노랑, 초록 불빛으로 지나가거나 멈출 때를 알려줘요.
3. 모임에 와 달라고 하는 일. "생일날 친구들을 ○○했어."
4. 학생을 가르치는 사람. 배우고 익히는 데 도움을 주는 사람이에요.
5. 일이 되어 가는 모습이나 형편. "오늘은 학원에 갈 ○○이 안 돼."

공부한 날 _____월 _____일 _____요일

정답은 64쪽에 있어요!

가로 뜻풀이

1 이름이나 물건이 연속해서 나올 때 쓰는 문장 부호.

3 다 익어도 빛깔이 푸른 색인 포도. 7~8월이 제철이며 구연산과 유기산이 풍부하여 피로 회복에 좋아요.

4 사람이 살고 있는 곳이나 회사 등이 자리 잡고 있는 곳을 나타낸 이름. '사는 곳'이라고도 해요.

세로 뜻풀이

2 의심이나 의문을 나타낼 때 쓰는 문장 부호 '?'의 이름.

3 쓸고 닦아서 깨끗이 정돈하는 일. 우리 집은 일주일에 한 번씩 대○○를 해요.

4 말을 하거나 글을 쓸 때 나타내고자 하는 말이나 글에 들어 있는 중심 생각. "이 이야기의 ○○는 무엇일까요?"

5 사람이나 자동차가 잘 다닐 수 있도록 만들어 놓은 길.

공부한 날 _____월 _____일 _____요일

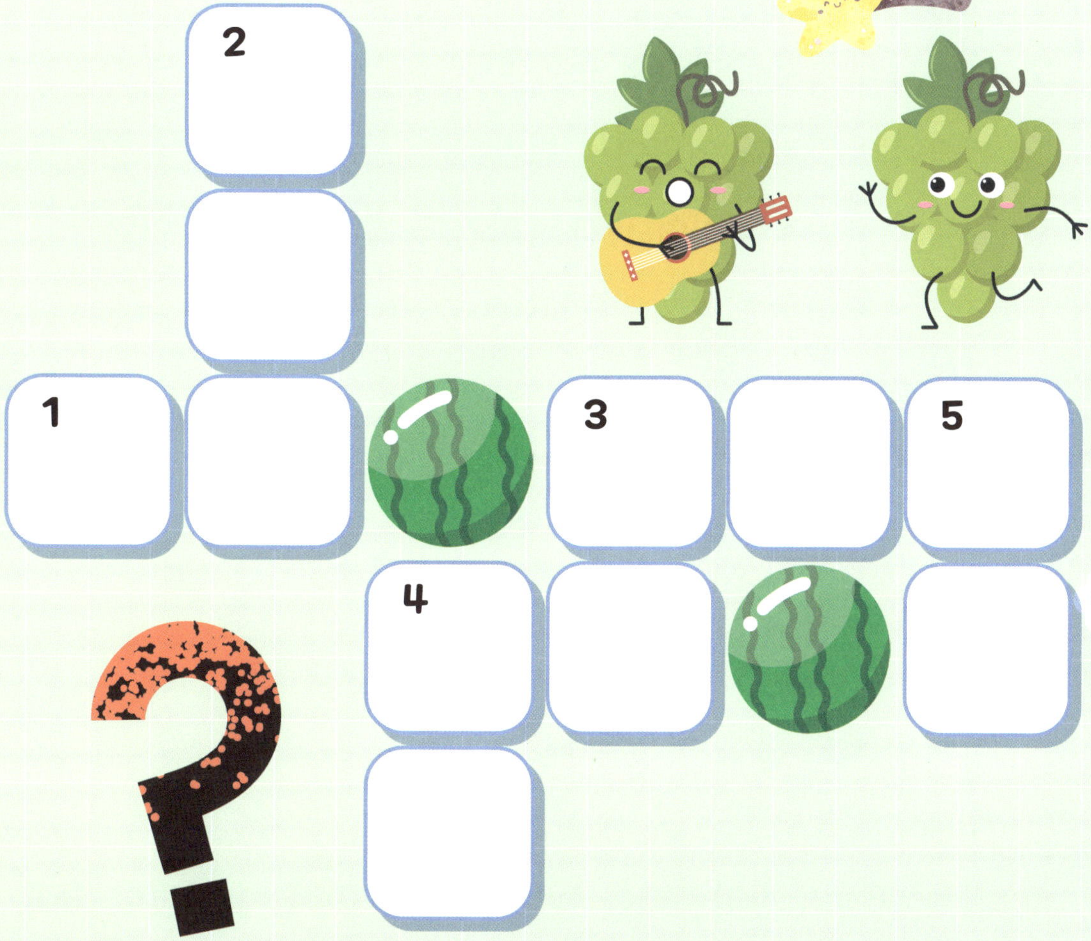

정답은 64쪽에 있어요!

가로 뜻풀이

1 나무의 잎. 옛날에는 천천히 마시라는 의미에서 물 위에 ○○○을 띄워 줬어요.
2 아버지의 여자 형제. 반 고모부
3 어린이가 짓거나 어린이를 위한 시.
5 물체의 진동에 의하여 생긴 음파가 귀에 들리는 것. 아빠가 화가 나셨는지 ○○를 지르셨다.

세로 뜻풀이

1 지게를 지고 불을 피우는 데 쓸 나무를 모으는 사람. 선녀와 ○○○
4 긴 널빤지의 한가운데를 받쳐서 그 양쪽 끝에 사람이 타고 서로 오르락내리락하는 놀이 기구를 말해요.

공부한 날 _____월 _____일 _____요일

정답은 64쪽에 있어요!

가로 뜻풀이

1 발의 뒤쪽 발바닥과 발목 사이의 불룩한 부분.
3 약사가 약을 지어주거나 파는 곳. 배를 타기 전에 ○○에서 멀미약을 사 먹었다.
4 땅이 우묵하게 들어가 물이 고여 있는 곳. 바다보단 작지만, 늪보다는 훨씬 깊어요. 백조의 ○○

세로 뜻풀이

1 발 아래쪽의 땅을 밟는 평평한 부분. ㉯ 발등
2 이가 썩어서 아프거나 잇몸이 부었을 때 치료받는 병원이에요.
3 먹거나 몸에 바르면 약효가 있는 물. 할아버지께서는 매일 아침 ○○터에 다녀오신다.

공부한 날 _____월 _____일 _____요일

정답은 64쪽에 있어요!

가로 뜻풀이

1. 음악이나 뉴스 등의 방송을 소리로 들을 수 있는 기계. ○○○를 듣는 사람을 '청취자'라고 불러요.
3. 꽃이 태양을 향한다고 해서 이름 붙여진 꽃. 가을에 노란색의 작은 꽃잎들이 모여 하나의 큰 꽃을 이루며, 하나의 가지에 하나의 꽃이 피어요.
5. 시간을 눈으로 볼 수 있도록 만든 장치. "거실 벽에 뻐꾸기 ○○가 걸려 있어."

세로 뜻풀이

2. 빙글빙글 돌며 세차게 부는 바람으로 땅의 먼지나 모래알들이 딸려 올라가서 기둥 모양이 되어요. "바다에서 갑자기 무시무시한 ○○○○○이 불어왔어."
4. 피를 빨아먹는 곤충. 여름에 많아요.
6. 위층과 아래층을 오르내리기 위해 건물에 만든 층층대를 말해요.

공부한 날 _____월 _____일 _____요일

정답은 64쪽에 있어요!

놀이터

아기 공룡들과 맞는 그림자를 찾아보세요.

정답은 64쪽에 있어요!

그림을 보고 〈보기〉에서 알맞은 모음자를 찾아 써 보세요.

보기 ㅏ ㅓ ㅗ ㅠ ㅣ ㅜ

정답: 거미, 수박, 만두, 토마토, 우유, 기린

알쏭달쏭 퀴즈를 풀어 보세요.

1 우리 몸의 감각 기관이 아닌 것은?
① 귀
② 코
③ 손
④ 신발

2 어둠을 밝히는 물건은 무엇일까요?
① 베개
② 손전등
③ 운동화
④ 우산

3 강아지가 사람을 만나면 흔드는 것은 무엇일까요?
① 귀
② 발
③ 꼬리
④ 눈썹

4 봄이 되면 나무에 생기는 것은 무엇일까요?
① 눈
② 꽃
③ 눈사람
④ 바람

정답 : 1-④, 2-②, 3-③, 4-②

낱말에 알맞은 그림을 선으로 연결해 보세요.

굽다   끓이다   볶다

데치다   무치다

정답

P.47

P.49

P.51

P.53

P.55

P.57

P.59

P.60

4단계

- 낱말퍼즐 1
- 낱말퍼즐 2
- 낱말퍼즐 3
- 낱말퍼즐 4
- 낱말퍼즐 5
- 낱말퍼즐 6
- 낱말퍼즐 7
- 놀이터 1
- 놀이터 2
- 놀이터 3
- 놀이터 4
- 정답지

🟦 가로 뜻풀이

1 하얀 건반과 검은 건반을 손가락으로 쳐서 소리를 내는 대표적인 건반 악기. 음의 범위가 넓고 표현력이 풍부한 악기예요.
3 하던 일을 멈추고 잠깐 쉬는 것. 체력 회복을 위해 잠시 집에서 ○○을 취했다.
5 책을 가득 모아놓고 파는 가게.
7 곡식이나 채소 등의 씨. "내가 뿌린 ○○에서 싹이 나기 시작했어."

🟪 세로 뜻풀이

2 해가 뜨면서부터 오전 12시까지를 말해요. ○○, 점심, 저녁
4 식사할 때 음식을 올려놓는 탁자. 우리는 모두 ○○에 모여 앉아 다 같이 저녁을 먹었다.
6 점으로 이루어진 선. 선의 종류는 실선, 직선, 수평선, ○○ 등 다양해요.

공부한 날 _____월 _____일 _____요일

	1	2	
3	4		
5	6	7	

정답은 84쪽에 있어요!

가로 뜻풀이

1 개울이나 시냇물에 널찍한 돌을 드문드문 놓아 만든 다리. 폴짝폴짝 뛰어서 건널 수 있어요.

3 쌀 같은 곡식을 물에 끓여 체로 걸러낸 걸쭉한 음식. 죽보다 묽어 마실 수도 있어요. 환자들은 금식 이후 ○○부터 먹을 수 있어요.

5 한복의 윗옷. 색동 ○○○

세로 뜻풀이

2 옷이나 천의 구김을 펴는 데 쓰는 도구. 쇠붙이로 만들며 전기를 이용해 뜨겁게 달구어 사용해요.

4 사람이 먹고 마실 수 있는 모든 것. 몸에 다양한 영양분을 제공해 주고, 다양한 맛까지 느낄 수 있어요.

6 숟가락과 젓가락을 함께 부르는 말.

7 산이나 언덕을 넘어 다니도록 길이 나 있는 비탈진 곳. 오누이를 키우는 어머니가 떡바구니를 이고 ○○를 넘어가다가 굶주린 호랑이를 만났어요.

공부한 날 _____월 _____일 _____요일

정답은 84쪽에 있어요!

가로 뜻풀이

1 몸집이 매우 크고 바다에 사는 동물이지만 새끼를 낳아 젖을 먹이는 포유류예요.

3 기름이나 가스를 이용해 바퀴를 굴려서 움직이는 차. 사람이나 물건을 운반하거나 먼 거리를 빨리 갈 수 있게 해줘요.

5 입안에 생기는 침. 맛있는 음식을 보거나 생각하면 생겨요.

세로 뜻풀이

2 모래로 성처럼 쌓은 것. 모래로 만들어진 것이라 쉽게 허물어져요.

4 발로 밟은 자리에 남은 모양. "눈 위에 토끼 ○○○이 남았어."

6 사람이 누워 잘 수 있도록 만든 가구.

공부한 날 _____월 _____일 _____요일

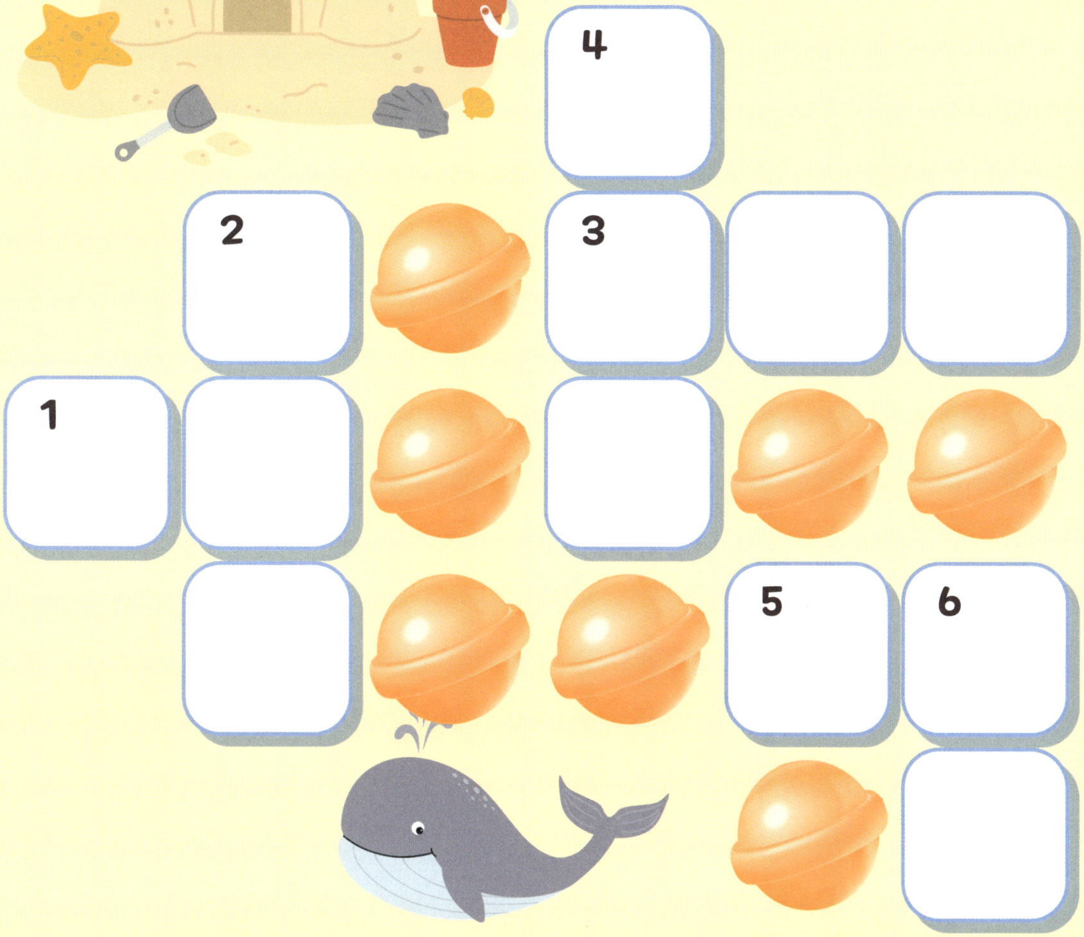

정답은 84쪽에 있어요!

가로 뜻풀이

1 물건을 넣어서 들거나 메고 다닐 수 있게 만든 것. 가죽이나 천, 비닐 등으로 만들어요.
2 음악을 목소리로 부르는 것.
3 껍질을 벗기고 말린 감. 쫄깃하고 달콤한 맛이 특징이에요.

세로 뜻풀이

1 물건을 파는 곳. 마트보단 작지만 있을 건 다 있어요. 채소○○, 생선○○, 장난감○○
2 사슴과 비슷한데, 여름에는 누런 갈색이고 수컷은 세 갈래로 돋은 뿔이 있으며, 꼬리는 흔적만 남아 있는 동물.
4 감나뭇과의 식물. 높이 10미터 정도이며, 초여름에 담황색 꽃이 피고 감이 달리는 나무.

공부한 날 _____월 _____일 _____요일

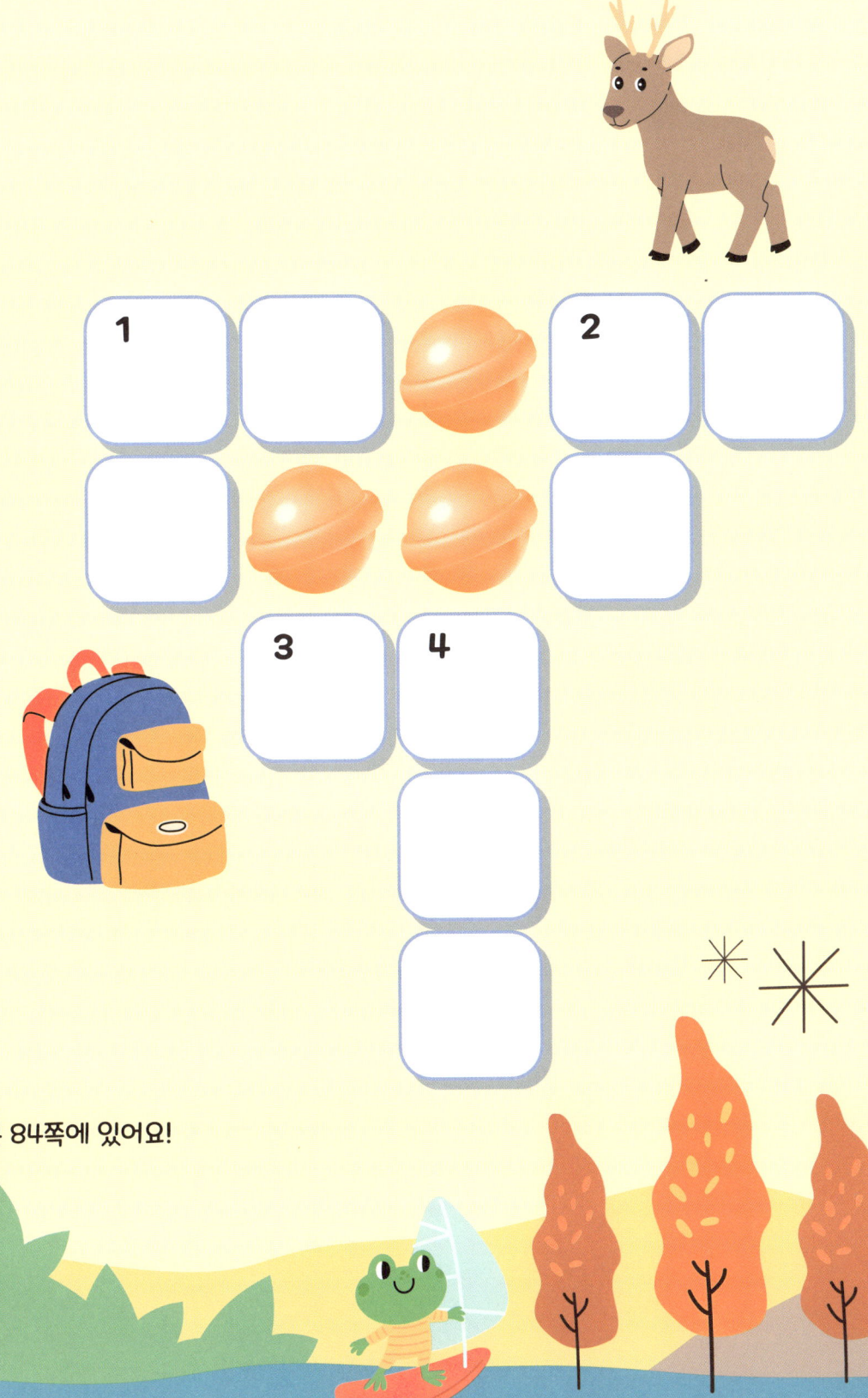

정답은 84쪽에 있어요!

가로 뜻풀이

1. 만나거나 헤어질 때, 또는 고맙다는 인사를 할 때 하는 말. "안녕하세요", "잘가" 등이 모두 ○○○이에요.

3. 바늘에 미끼를 끼워 물고기를 낚는 것. 아버지는 주말이 되면 ○○터에서 시간을 보내신다.

5. 참깨를 볶은 후 짠 기름. 비빔밥을 먹을 때 마지막에 넣어서 먹으면 더 맛있어요.

세로 뜻풀이

2. 정육면체 각 면에 1개부터 6개의 점을 새겨 이를 던져 그 점수를 겨루는 놀이 도구.

4. 과일이나 반찬 같은 음식을 담는 납작한 그릇. "손님이 오시자 엄마가 과일 한 ○○를 가져오셨어."

5. 여름에 먹는 노란 줄무늬가 있는 길쭉한 타원 모양인 과일. 하얀 속살 안에는 씨앗이 들어 있고, 달고 시원하답니다.

공부한 날 _____월 _____일 _____요일

정답은 84쪽에 있어요!

가로 뜻풀이

1 종이로 꽃, 비행기, 배 등을 접고 모양을 만드는 일. "내 취미는 ○○○○야."
3 여자가 나이 많은 여자 형제를 부르는 말. "나는 ○○가 둘이나 있어."
5 우리나라의 고유한 옷. 명절이나 특별한 날 많이 입어요.

세로 뜻풀이

2 양손으로 줄 끝을 잡고 발아래에서 머리 위로 돌려 넘기면서 폴짝폴짝 뛰는 운동.
4 옷이나 가방 같은 데 물건을 넣을 수 있게 만든 부분. 겉옷에 이것이 없으면 불편해요.
5 세종대왕이 만든 우리나라 고유 글자의 이름.

공부한 날 ____월 ____일 ____요일

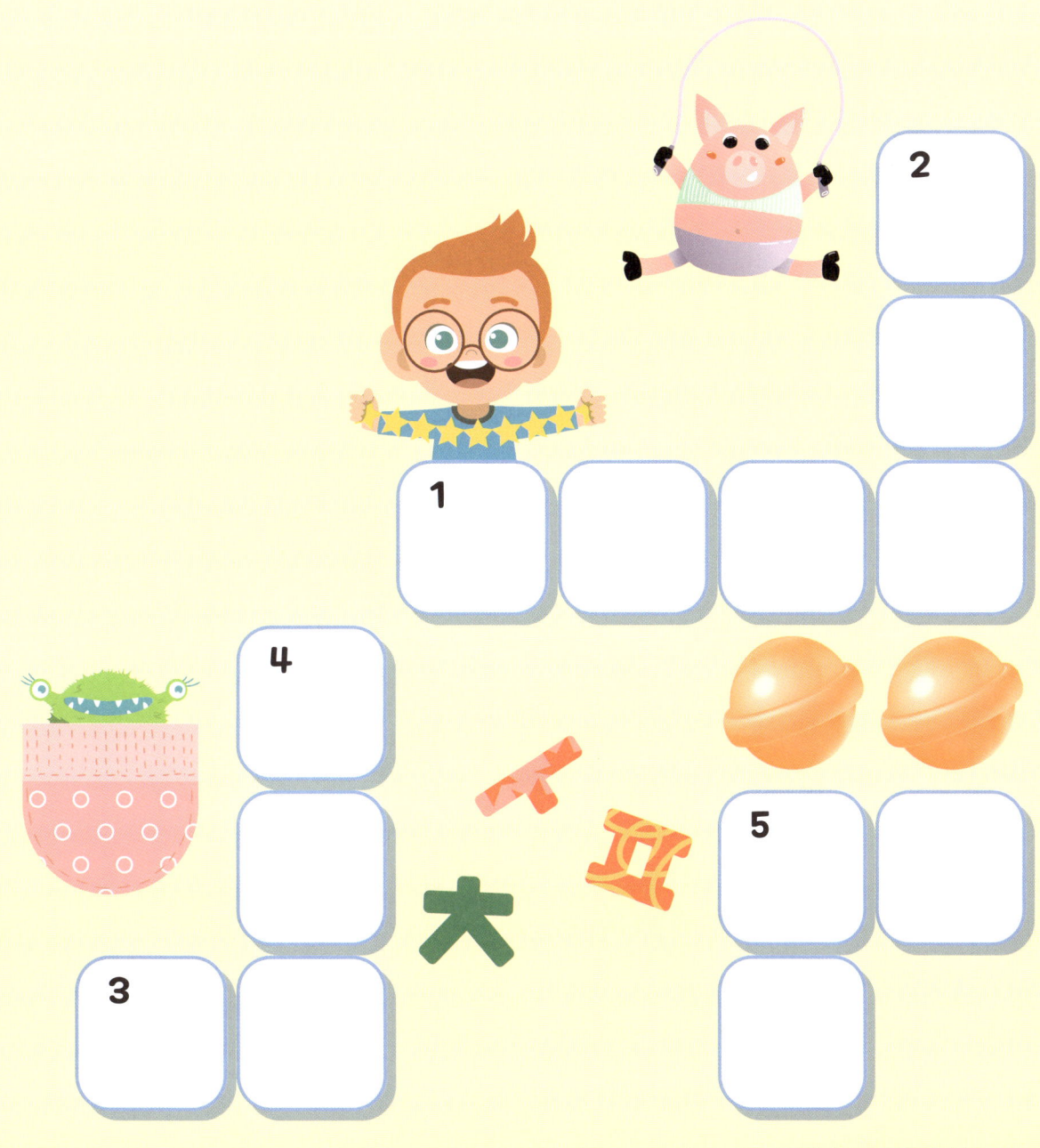

정답은 84쪽에 있어요!

가로 뜻풀이

1 고무로 만들어져서 당기면 쭉쭉 잘 늘어나는 줄. ○○○로 머리를 묶었다.

3 어둠을 밝히기 위해 홰에 붙인 불. 또는 불이 달린 홰.

4 유산소 운동의 하나로 일정한 거리를 뛰어 겨루는 경기. 온몸을 사용하므로 체지방 감소, 심폐기능 향상, 심장질환을 예방할 수 있는 효과가 있대요.

5 코로 맡을 수 있는 온갖 것. 입○○, 발○○

세로 뜻풀이

2 쇠고기를 얇게 잘라서 양념에 넣었다가 불로 굽는 한국 요리. 김치와 더불어 외국 사람들에게 가장 인기 있는 음식 가운데 하나예요.

5 음식을 끓이거나 삶은 데 쓰는 조리기구. 일반적으로 라면이나 찌개, 물 등을 끓일 때 사용해요.

공부한 날 ____월 ____일 ____요일

정답은 84쪽에 있어요!

놀이터

그림에서 똑같은 갈매기 두 마리를 찾아 동그라미 해보세요.

정답은 84쪽에 있어요!

수와 수의 이름을 알맞게 연결해 보세요.

삼십	• •	28	• •	스물아홉
이십구	• •	29	• •	서른
삼십일	• •	30	• •	스물여덟
이십팔	• •	31	• •	서른둘
삼십이	• •	32	• •	서른하나

정답은 126쪽에 있어요!

일상생활 속 사자성어를 알아보아요.

일심동체

一	心	同	體
한 일	마음 심	한가지 동	몸 체

한자 뜻

한 마음, 한 몸처럼 함께 한다.

뜻풀이

마음도 같고 행동도 함께하는 아주 가까운 사이를 나타낼 때 쓰는 말이에요.

한자와 뜻풀이를 따라 써 보세요.

하나, 둘, 셋, 발 맞추 뛸 때 줄넘기와 나는 일심동체!

비슷한 뜻의 사자성어

동고동락(同苦同樂)

기쁠 때나 슬플 때나 언제나 함께하는 사이.

TICKETS

토끼가 맛있는 당근을 먹을 수 있도록 바르게 쓴 낱말을 따라가며 미로를 빠져나가 보세요.

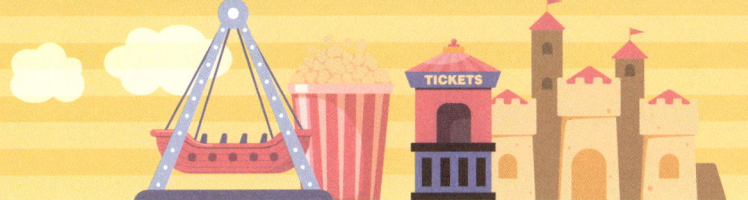

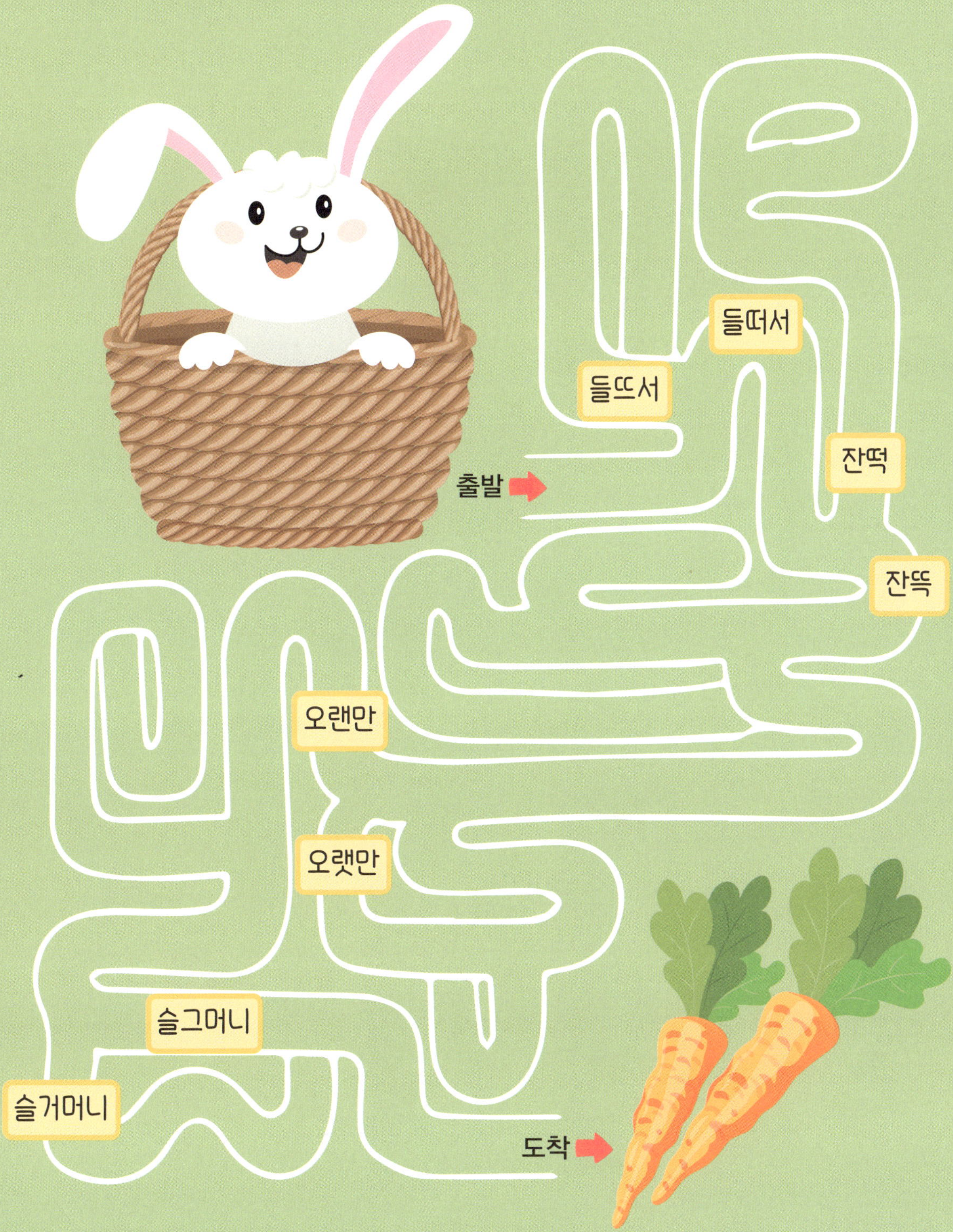
들떠서
들뜨서
잔떡
출발
잔뜩
오랜만
오랫만
슬그머니
슬거머니
도착

정답은 126쪽에 있어요!

정답

P.67

P.69

P.71

P.73

P.75

P.77

P.79

P.80

5단계

- 낱말퍼즐 1
- 낱말퍼즐 2
- 낱말퍼즐 3
- 낱말퍼즐 4
- 낱말퍼즐 5
- 낱말퍼즐 6
- 낱말퍼즐 7
- 놀이터 1
- 놀이터 2
- 놀이터 3
- 놀이터 4
- 정답지

가로 뜻풀이

1 규칙적으로 되풀이하는 것. "같은 말만 ○○하지 말고 요점만 말해 봐."

3 아파트에서 우리 집 바로 아래층에 있는 집. ㊠ 윗집

4 연필을 깎아주는 기계. 구멍에 연필을 넣고 돌려서 사용하는 수동 제품과 자동으로 깎아주는 제품이 있어요.

세로 뜻풀이

2 겉에 까슬까슬한 잔털로 덮여 있는 분홍빛의 과일. 향긋한 단맛이 나며 통조림으로 만들어 먹기도 해요.

5 심이 검정이 아닌 여러 가지 색깔로 된 연필. 그림을 그리거나 색칠할 때 자주 이용하죠.

6 다른 사람과 나를 구별할 때 부르는 명칭. "내 ○○은 민서야. 넌 ○○이 뭐니?"

공부한 날 _____월 _____일 _____요일

정답은 104쪽에 있어요!

가로 뜻풀이

1 한글 자음의 첫째 글자. 'ㄱ'의 이름. '낫 놓고 ○○자도 모른다'는 속담이 있어요.

3 롤러코스터, 회전목마, 바이킹의 놀이 기구를 갖추어 놓은 공원. 롯데월드, 에버랜드, 서울랜드를 이렇게 부르죠.

6 콩으로 만든 음식 가운데 식물성 단백질이 풍부한 식품이에요. 하얀색의 부드럽고 고소한 ○○가 몸에도 좋아요.

세로 뜻풀이

2 각자 역할을 정해 연극처럼 해 보는 놀이. 일정한 규칙이나 방법으로 대신 해 보는 걸 말해요.

4 지식이나 새로운 기술을 배우는 것. ○○머리 독서법

5 아픈 곳을 진찰하고 치료하는 곳. 의사 선생님과 간호사 선생님이 계신 곳이에요.

7 음식을 만드는 곳. 엄마는 매일 ○○에서 우리를 위해 식사 준비를 하신다. 비 주방

공부한 날 _____월 _____일 _____요일

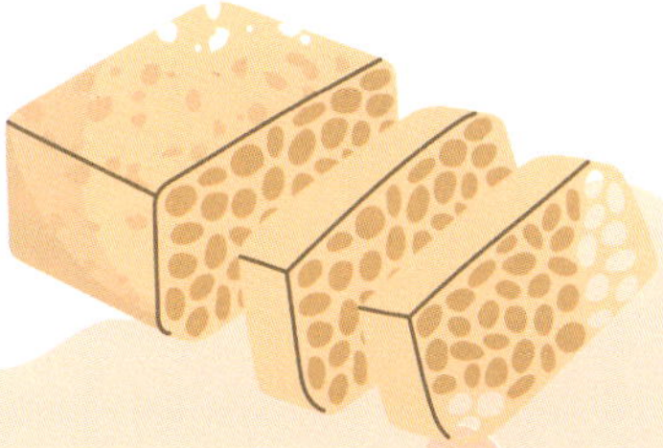

가로 뜻풀이

1 아가미와 지느러미가 있고 물속에서 사는 척추동물.

4 앉아서 미끄러져 내려오도록 비스듬하게 만든 어린이 놀이 기구.

5 바다에서 물고기 잡는 일을 직업으로 하는 사람을 이렇게 불러요.

세로 뜻풀이

2 지붕을 덮는 데 쓰이는 건축 재료. 점토로 일정한 모양을 만든 다음에 가마에서 높은 온도로 구워요. "우리 할머니 집은 빨간색 ○○집이야."

3 여름에 나무 위에서 '맴맴~' 하고 크게 우는 곤충. 10여 년간 땅속에서 어린 시절을 보내다가 어른이 되어서는 땅 위에서 열흘 정도 밖에 못 산대요.

6 새나 일부 짐승의 주둥이. 보통 길고 뾰족하고 딱딱해요.

공부한 날 _____월 _____일 _____요일

정답은 104쪽에 있어요!

가로 뜻풀이

1 몸 빛깔을 자유롭게 바꾸고 긴 혀로 먹이를 잡아먹는 파충류. 도마뱀과 비슷하나 머리는 투구 모양에 네 다리와 꼬리가 길다.
3 매와 비슷하게 생겼으나, 뒷머리가 벗겨진 큰 새.
5 결혼과 출산에 의해 같은 핏줄로 이루어진 사람들을 통틀어 이르는 말. "명절이면 모든 ○○이 우리 집에 모여."

세로 뜻풀이

1 사진을 찍는 기계. 핸드폰에도 있어요. ○○○로 잊지 못할 추억을 남기세요!
2 노란색의 향신료를 사용해 야채나 고기 등으로 만든 인도 요리. '커리'라고도 불러요.
4 여름 대표 과일 중 하나로 열매는 크고 둥글며, 겉에 검은 줄무늬가 있어요. '○○ 겉핥기'라는 속담도 있어요.
5 가깝게 두고 오래도록 친하게 지내온 사람. 소꿉 ○○

공부한 날 _____월 _____일 _____요일

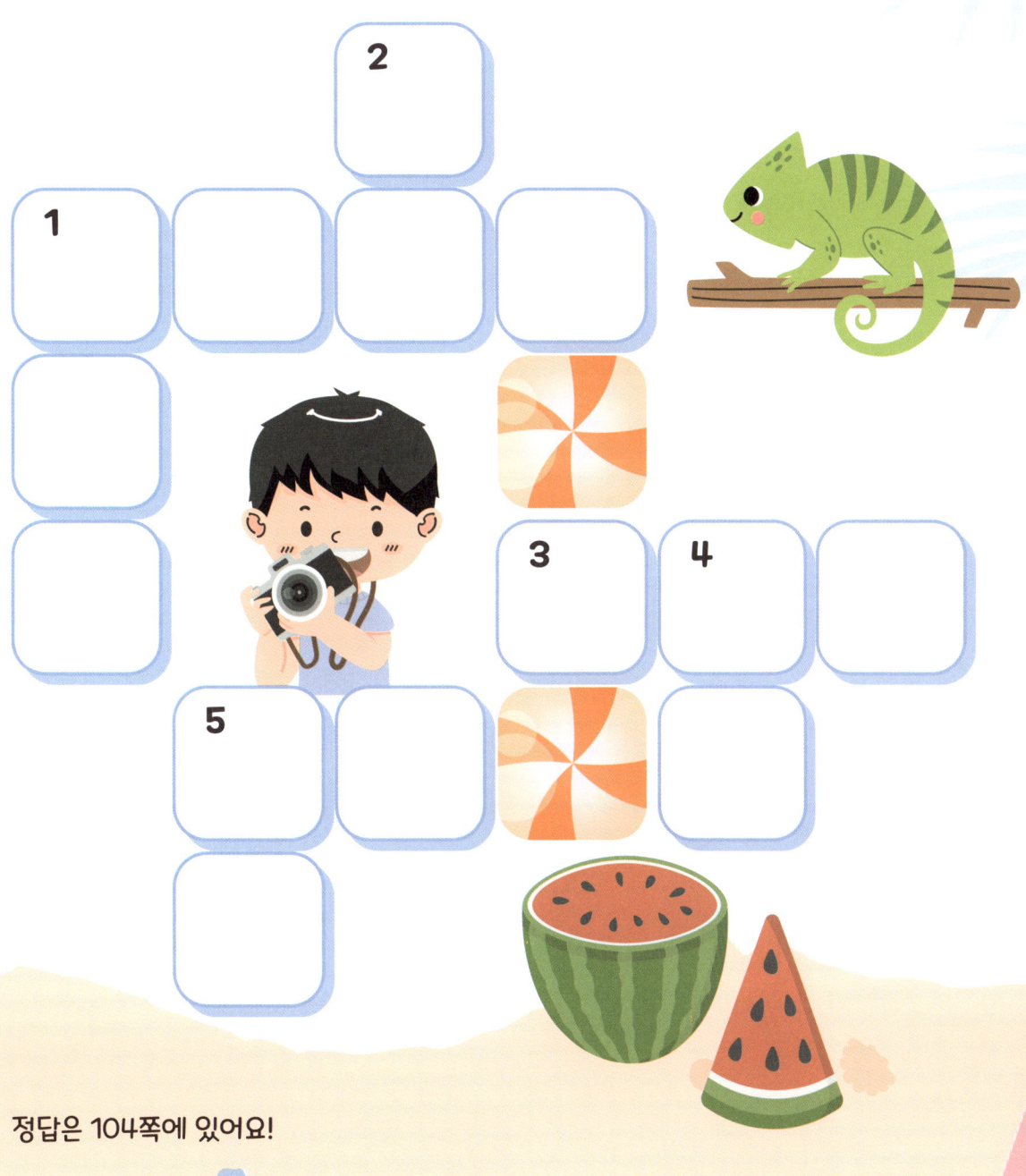

정답은 104쪽에 있어요!

가로 뜻풀이

1. 왜가릿과의 새로 목과 다리가 길며, 주둥이가 길고 뾰족한 새. 날 때는 목을 S자 모양으로 굽히고 다리를 꽁지 바깥쪽 뒤로 뻗어요.
3. 높은 곳이나 낮은 곳을 오르내릴 때 쓰는 도구. 소방관 아저씨들이 불을 끌 때도, 높은 곳의 물건을 내릴 때도 사용하죠.
4. 손을 보호하거나 추위를 막거나 장식하기 위하여 손에 끼는 물건. 천, 가죽, 털실로 만들어요.

세로 뜻풀이

2. 동물이나 식물에 바늘처럼 뾰족하게 돋아나 있는 것을 말해요. 고슴도치, 선인장에서 볼 수 있어요.
3. 산이나 들의 짐승을 잡는 사람. 사냥을 직업으로 하는 사람.
4. 무릎까지 올라오는 가죽신이나 고무신. 비 올 때 신으면 발이 젖지 않아요.

공부한 날 _____월 _____일 _____요일

정답은 104쪽에 있어요!

가로 뜻풀이

1. 손바닥의 반대쪽. 이마에 흐르는 땀을 ○○으로 닦았다.
2. 곡식을 해치는 새나 짐승을 막기 위하여 막대기와 짚으로 사람 모양을 만들어 논밭에 세워 놓는 것.
5. 무서워하지 않고, 씩씩하고 굳센 마음. "지효에게 ○○내서 고백하기로 했어."

세로 뜻풀이

1. 손톱을 깎는 기구.
3. 서로 손을 마주 잡고 반가움과 감사함을 나타내는 인사법. 만날 때, 헤어질 때, 축하할 때 이렇게 인사해요.
4. 어깨 길이만큼의 거리.

공부한 날 _____월 _____일 _____요일

정답은 104쪽에 있어요!

가로 뜻풀이

1 말소리를 전류나 전파를 이용하여 주고받는 것. 요즘에는 휴대○○를 많이 이용해요.

2 망가뜨려 못 쓰게 만드는 것. 무분별한 개발로 자연이 ○○되고 있어요.

4 뚝배기나 작은 냄비에 국물과 갖가지 재료를 넣어 끓인 음식. 된장○○, 김치○○

6 나와 관련되는 여러 사람을 하나로 묶어 가리키는 말. "여기는 ○○가 청소할게. 너희는 복도 청소해."

세로 뜻풀이

1 전깃줄이나 통신선을 이어 매달아 놓은 말뚝.

3 손바닥과 손가락을 합친 전체 바닥. 서로 마주칠 때 소리가 나요. 언니들이 ○○을 치며 까르르 웃었어요.

5 쓴 글씨나 그림을 지우는 물건. 고무로 만들어서 말랑말랑하죠.

공부한 날 _____월 _____일 _____요일

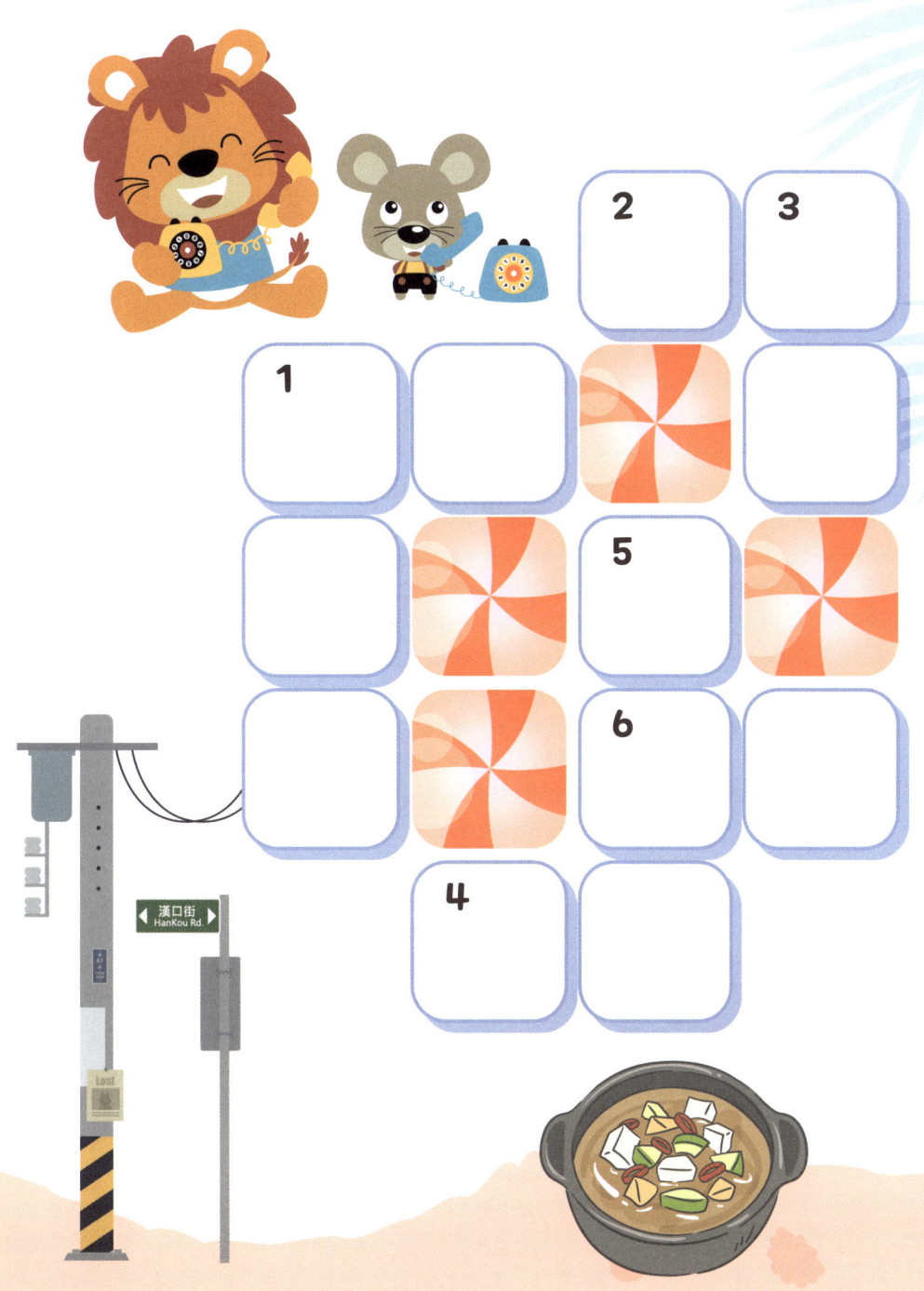

정답은 104쪽에 있어요!

그림에서 서로 다른 부분을 찾아 동그라미 해보세요. 모두 7군데입니다.

정답은 104쪽에 있어요!

받침이 있는 글자를 만들어 보세요.

튜 리

고 자 새

깨 이

서 이 자

보 르 다

꼬 다 바

정답 : 튤립, 공작새, 깻잎, 선인장, 보름달, 꽃다발

알쏭달쏭 퀴즈를 풀어 보세요.

1 1주일은 며칠인가요?

① 5일
② 6일
③ 7일
④ 8일

2 우리나라의 수도는 어디인가요?

① 부산
② 서울
③ 대구
④ 인천

3 물이 얼면 무엇이 될까요?

① 연기
② 눈
③ 얼음
④ 비

4 밤이 되면 하늘에 반짝이는 것은?

① 태양
② 별
③ 구름
④ 바람

정답 : 1-③, 2-②, 3-③, 4-②

낱말에 알맞은 그림을 선으로 연결해 보세요.

찢다　　자르다　　접다

부치다　　떼다

정답은 126쪽에 있어요!

정답

P.87

P.89

P.91

P.93

P.95

P.97

P.99

P.100
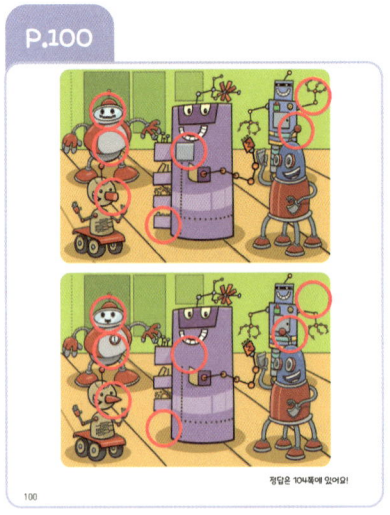

6단계

- 낱말퍼즐 1
- 낱말퍼즐 2
- 낱말퍼즐 3
- 낱말퍼즐 4
- 낱말퍼즐 5
- 낱말퍼즐 6
- 낱말퍼즐 7
- 놀이터 1
- 놀이터 2
- 놀이터 3
- 놀이터 4
- 정답지

가로 뜻풀이

1 선생님이 학생에게 지식이나 기술을 가르쳐 주는 일. ○○시간에는 떠들면 안 돼요.
2 학생이 수업을 받기 위해 집에서 학교를 갈 때 다니는 길.
4 이 사이에 낀 음식물을 빼내는 데 쓰는 도구. 보통 나무의 끝을 뾰족하게 만들어서 사용해요.

세로 뜻풀이

1 스포츠나 놀이로 물속을 헤엄치는 일. 초등학교 3학년부터는 생존○○을 의무적으로 배우게 되어 있어요.
2 공책, 연필, 지우개같이 학생이 공부하는 데 쓰는 물건을 뭐라고 할까요?
3 자갈이 많이 깔려 있는 길.
5 비가 그친 뒤 하늘에 생기는 일곱 가지 빛깔의 아름다운 줄무늬. 하늘에 떠 있던 물방울들이 햇빛에 반사되어 생겨요.

공부한 날 _____월 _____일 _____요일

정답은 124쪽에 있어요!

가로 뜻풀이

1 사계절 내내 푸른 잎이 변하지 않는 나무. 잎은 바늘처럼 뾰족하고, 이 나무의 열매를 '솔방울'이라고 불러요.

4 못에 고여 있는 물.

세로 뜻풀이

1 학교에서 자연 관찰이나 역사 유적지 견학을 야외로 갔다 오는 일. "봄 ○○은 놀이공원에 간대."

2 남자가 나이 많은 여자 형제를 부르는 말.

3 허벅지와 종아리 사이에 앞쪽으로 둥글게 튀어나온 부분. 자전거를 탈 때에는 ○○보호대를 꼭 해야 해요.

5 옛날에 쓰였던 물건이나 예술품을 모아 보관, 진열하여 여러 사람에게 보여 주는 곳. 자연사 ○○○, 한국사 ○○○

공부한 날 _____월 _____일 _____요일

정답은 124쪽에 있어요!

가로 뜻풀이

1 바닥에 그린 땅에 각자의 말을 던져 상대방 말을 밀어낸 만큼 금을 그어서 땅을 빼앗는 놀이.
2 복잡하게 여러 갈래로 갈라져 있어 찾기 어려운 길. ○○찾기
4 일 년 중 제일 무더운 계절. 봄, ○○, 가을, 겨울

세로 뜻풀이

1 콩과의 한해살이풀로 열매는 땅속에서 두꺼운 껍질 속에 둘이나 셋씩 들어 있고, 자라서 익으면 속껍질은 얇고 불그레하고 알맹이는 하얘요. 오징어와 ○○
3 머리, 가슴, 배로 구분되며 끈적끈적한 실을 뽑아 그물처럼 쳐 놓고 벌레를 잡아먹고 살아요.
4 개와 비슷한데 누런 갈색 또는 붉은 갈색으로 주둥이가 길고 뾰족하고 꼬리는 굵고 긴 동물. 간사하고 꾀가 많은 사람을 가리켜 이렇게 부르기도 해요.

공부한 날 _____월 _____일 _____요일

정답은 124쪽에 있어요!

가로 뜻풀이

1 'ˇ'의 이름. 글을 읽다가 조금 쉬어 읽어야 할 곳에 쓰는 표시. 쉼표(,) 뒤에는 이것을 하고, 조금 쉬어 읽어요.

3 그늘진 땅이나 썩은 나무에서 주로 자라며, 홀씨로 번식해요. 송이처럼 독이 없는 것은 먹을 수 있으나 독이 있는 것도 많아요.

4 두 사람이 일정한 거리에서 병이나 항아리에 붉은 화살과 푸른 화살을 던져 넣어 화살의 숫자로 승부를 가리던 전통놀이.

세로 뜻풀이

2 'ˇ'의 이름. 느낌표(!), 마침표(.), 물음표(?) 뒤에는 이것을 하고 쉼표(,)보다 조금 더 쉬어 읽어요.

3 요금을 받고 정해진 길을 운행하며 많은 사람이 함께 타는 대형 자동차. 시내, 시외, 관광 ○○ 등이 있어요.

5 호두나무의 열매. 딱딱한 껍질 속의 알맹이는 지방이 많고 맛이 고소한 견과류 중의 하나예요.

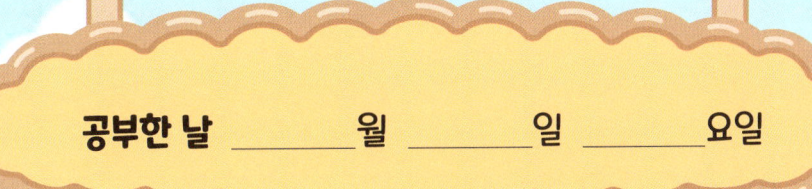

정답은 124쪽에 있어요!

가로 뜻풀이

1 안경의 먼지나 얼룩을 닦는 작은 천.

3 떡갈나무, 갈참나무, 물참나무와 같은 나무에서 열리는 열매로 주로 묵으로 만들어 먹어요. 다람쥐가 좋아해요.

4 옷이나 이불 같은 섬유 제품의 때나 냄새 등을 빨아서 깨끗하게 하는 일. 요새는 세탁기로 하죠.

5 볏과의 한해살이풀. 봄에 논에 심어 가을에 거둬요. 'ㅇ는 익을수록 고개를 숙인다'라는 속담도 있어요.

세로 뜻풀이

2 얼굴의 눈썹 위로부터 머리털이 난 아래까지의 부분.
㉠ 뒤통수

4 물이나 음료 등을 빨아올려 마시는 데 쓰는 길고 가는 대. 환경오염을 줄이기 위해 종이로도 만들어요.

공부한 날 ____월 ____일 ____요일

정답은 124쪽에 있어요!

가로 뜻풀이

1 펴고 접을 수 있어 비가 올 때 손에 들고 비를 가리는 물건. ㉑ 양산
2 병, 그릇, 상자 등의 입구를 덮는 물건. 이 병은 ○○이 열리지 않아요.
3 여름에 피는 보라색이나 흰색 등 다양한 색의 나팔 모양의 꽃. 줄기는 덩굴로 물체를 감아 올라가요.
4 우주에서 반짝이는 천체 중 해, 달, 지구를 제외한 밤하늘의 반짝이는 천체.

세로 뜻풀이

1 소의 젖. 살균하여 음료로 마시며 아이스크림, 버터, 치즈 등의 원료로 사용돼요. 오늘 간식은 빵과 ○○예요.
3 나비목에 속하는 날개 달린 곤충으로 몸은 가늘고 빛깔이 매우 아름다워요. 긴 대롱처럼 생긴 입으로 꽃의 꿀을 빨아 먹어요.

공부한 날 _____월 _____일 _____요일

정답은 124쪽에 있어요!

가로 뜻풀이

1 김 위에 밥을 펴 놓고 단무지, 당근, 시금치 등을 넣어 둘둘 말아 썰어 먹는 음식.

2 자그마한 것들이 좁은 곳에 촘촘하게 많이 붙어 있는 모양. 바닷가 바위틈에 따개비들이 ○○○○ 붙어 있다.

3 사람이나 동물의 몸에서 머리, 팔다리, 날개, 꼬리 등을 제외한 가운데 부분. "나는 오징어를 먹을 때 ○○만 먹어."

4 닭이 낳은 알. 껍데기, 노른자, 흰자로 이루어져 있다.

세로 뜻풀이

1 소금에 절인 배추, 무 등에 고춧가루, 파, 마늘과 같은 양념을 한 뒤 발효시킨 음식. 우리나라 고유의 저장 식품.

2 강을 건너거나 또는 이쪽에서 다른 저쪽으로 건너다닐 수 있도록 만든 시설물. 할머니가 사는 마을 입구에는 나무로 만든 ○○가 있다.

공부한 날 _____월 _____일 _____요일

정답은 124쪽에 있어요!

놀이터

그림에서 숨은 그림을 〈보기〉에서 찾아 동그라미 해보세요. 모두 10개입니다.

보기

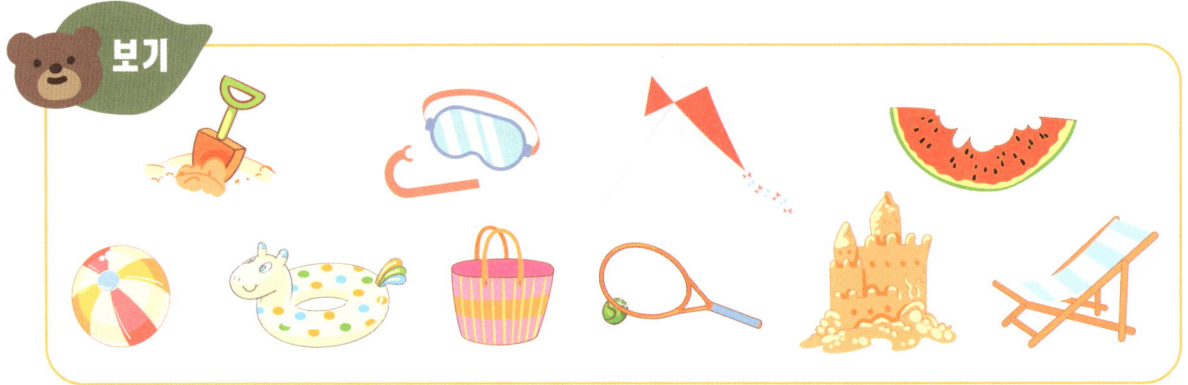

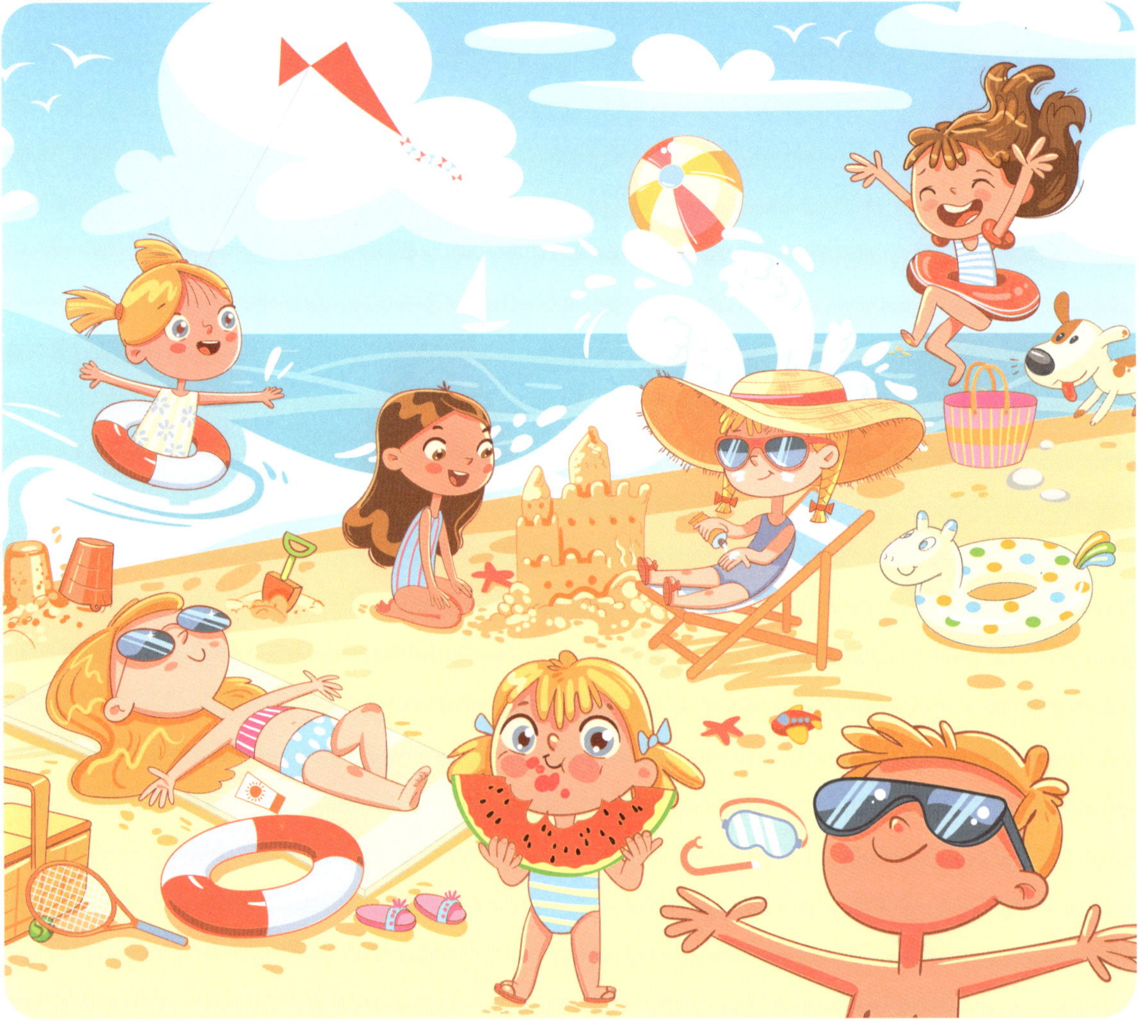

정답은 124쪽에 있어요!

1부터 32까지의 숫자를 차례대로 연결하고 색칠해 보세요.

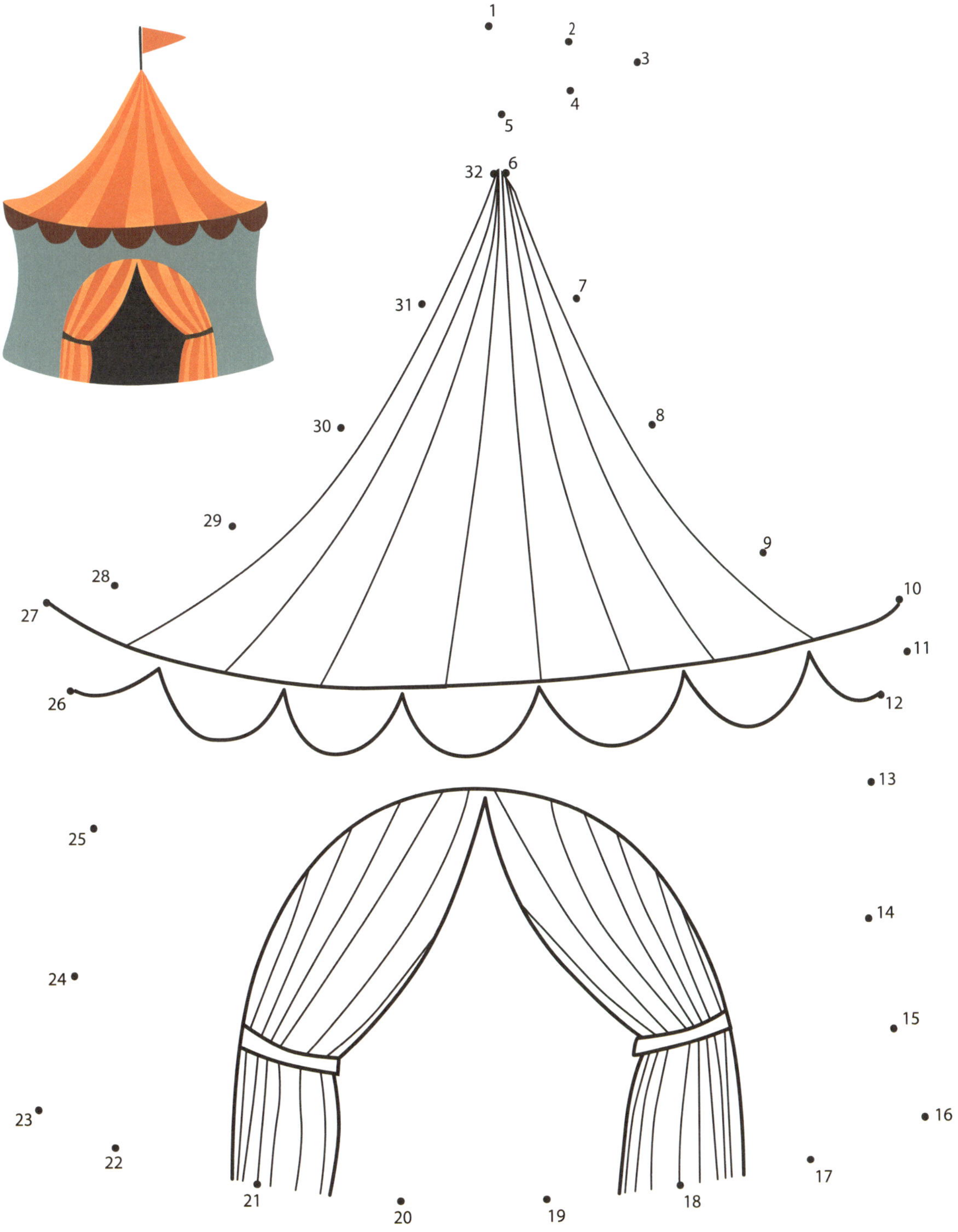

일상생활 속 사자성어를 알아보아요.

백발백중

白	發	白	中
일백 백	쏠 발	일백 백	가운데 중

한자 뜻
화살을 백 번 쏘면 백 번 다 맞힌다.

뜻풀이
하는 일마다 틀림없이 잘 맞거나 성공함을 뜻해요.

한자와 뜻풀이를 따라 써 보세요.

지훈이는 단 한번의 실패없이 슛을 성공시켜! 백발백중이야!

비슷한 뜻의 사자성어

십중팔구(十中八九)

열 번 중에 여덟이나 아홉 번은 맞는다.

다람쥐가 도토리를 집으로 가져갈 수 있도록 바르게 쓴 낱말을 따라가며 미로를 빠져나가 보세요.

정답은 126쪽에 있어요!

정답

정말 잘했어요!

 이름:

1단계	☆	☆	☆	☆	☆	☆	☆
2단계	☆	☆	☆	☆	☆	☆	☆
3단계	☆	☆	☆	☆	☆	☆	☆
4단계	☆	☆	☆	☆	☆	☆	☆
5단계	☆	☆	☆	☆	☆	☆	☆
6단계	☆	☆	☆	☆	☆	☆	☆

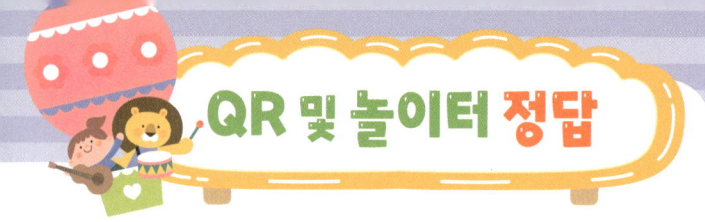

QR 및 놀이터 정답

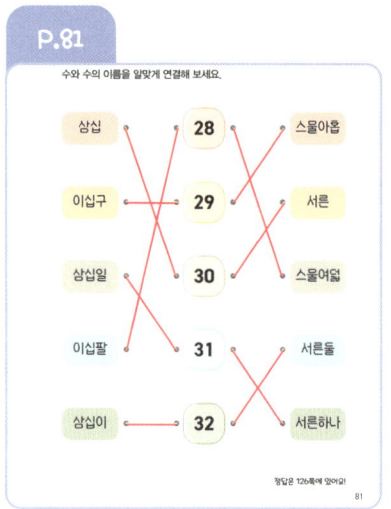

QR코드를 찍어보세요!
각 단계의 정답지와
무료 시트지를
확인 할 수 있습니다.

기획 콘텐츠연구소 수(秀)

"우리 아이들의 말과 글을 어떻게 하면 더 풍성하게 더 깊이 있게 가꿔줄 수 있을까?"를 끊임없이 고민하는 전·현직 초등 교사, 학부모, 에디터 등 교육 실천가들로 구성된 기획 집단. 지난 10여 년간 아이의 어휘력과 문해력 향상이라는 하나의 목표 아래 100여 종의 교재와 교육 콘텐츠를 함께 연구하고 개발하고 있습니다.

똑똑한 낱말퍼즐 1-1

ISBN 979-11-92878-38-6 73370

초판 1쇄 펴낸날 2010년 3월1일 ∥ 개정초판 1쇄 펴낸날 2025년 7월 20일

펴낸이 정혜옥 ∥ 기획 콘텐츠연구소 수(秀)

표지디자인 twoesdesign.com ∥ 내지디자인 이지숙

홍보 마케팅 최문섭 ∥ 편집 연유나, 이은정 ∥ 편집지원 소노을

펴낸곳 스쿨존에듀 ∥ 출판등록 2021년 3월 4일 제 2021-000013호

주소 04779 서울시 성동구 뚝섬로 1나길 5(헤이그라운드) 7층

전화 02)929-8153 ∥ 팩스 02)929-8164 ∥ E-mail goodinfobooks@naver.com

블로그 blog.naver.com/schoolzoneok

스마트스토어 smartstore.naver.com/goodinfobooks

- 스쿨존에듀는 굿인포메이션의 자회사입니다. ■ 잘못된 책은 본사나 구입하신 서점에서 바꾸어 드립니다.

> 도서출판 스쿨존에듀는 교사, 학부모님들의 소중한 의견을 기다립니다. 책 출간에 대한 기획이나 원고가 있으신 분은 이메일 goodinfobooks@naver.com으로 보내주세요.